PETER PAN'S
MAP
OF
KENSINGTON GARDENS
THE DOGS CEMETERY
The Sheep have their hair cut here
THE SERPENTINE
Where Peter Pan landed
The Bird's Island

Jasmin Alawneh

Ascona, Tessin 1989

J. M. BARRIE'S

PETER PAN & WENDY

Für kleine Leute nacherzählt von
May Byron

Ins Deutsche übertragen von
Hanspeter Nägele

Mit Zeichnungen von
Sophie Scholl

MATTHES & SEITZ

 Herstellung und Umschlaggestaltung: Bettina Best, München, unter Verwendung einer Zeichnung von Sophie Scholl. Satz: SatzStudio Pfeifer, München. Druck und Bindung: Druckerei Mühlberger, Augsburg. ISBN 3-88221-753-7

Lieber Herausgeber,

Die Illustrationen zu Peter Pan mache ich nur mit möglichst einfachen Strichen, nicht die die einschlagende Zeichnung. Die ist nämlich von einem schlafenden Kind abgezeichnet, und das halb noch mit dem probiert, an der Hüfte. Das Kind konnte ja jeden Augenblick aufwachen.

Sofie.

KAPITEL 1

Die Familie in Nummer 14

Es war einmal ein kleines Mädchen, das war zwei Jahre alt und hieß Wendy Moira Angela Liebling, doch nannte man sie immer nur Wendy. Eines Tages spielte sie im Garten und pflückte Blumen. Als sie damit zu ihrer Mutter hinlief, glich sie selbst so sehr einer hübschen kleinen Blume, daß Mutter Liebling ausrief: „Ach, wenn Du nur immer so bleiben könntest!"

Da sah Wendy ein, daß man nicht sein ganzes Leben lang bei zwei stehen bleibt, ja, zwei ist nur der Anfang vom Ende und das Ende ist das Erwachsensein. Wenn man aber einmal bei einundzwanzig angelangt ist, kann man nie wieder ein Kind werden. Doch das sagte Mutter Liebling ihrer kleinen Wendy nicht. Zwischen zwei Jahren und einundzwanzig blieb ihr noch Zeit genug, das selbst herauszufinden.

Mutter Liebling war eine wunderbare Frau, gerade wie man sich eine Mutter wünscht: Sie hatte ein Herz wie Gold, zwei Augen voller Liebe und einen Mund, so recht zum Küssen. Das kam davon, daß sie ihre drei Kinder so oft küß-

CHAPTER ONE

The family at No. 14

Once upon a time there was a little girl about two years old. Her name was Wendy Moira Angela Darling, but she was always called Wendy for short. One day she was playing in the garden, and she ran to her mother with some flowers she had picked. And she looked so sweet, just like a little flower herself, that Mrs. Darling said, 'Oh, why can't you stay like this for ever?'

Then Wendy began to see that one didn't stay at two for the rest of one's life. Indeed, two is the beginning of the end. The end is being grown- up. Once you get to twenty-one or so, you can never be un-grown-up again. But Mrs. Darling did not tell this to Wendy. Between two and twenty-one, there was lots of time for her to find out.

Mrs. Darling was a perfect dear. Just the sort of mother one would choose: as sweet as honey, with lovely eyes, and a mouth that looked like a kiss. It had got like that with kissing her children so often. There were three children: Wendy, John, and Michael; and Mrs.

Darling didn't know which she loved best. They were all pretty good, but Wendy was the best, because she tried to make herself as like her mother as could be. It wasn't easy, of course, but still she tried.

The three little Darlings had a very nice nursery, with lots of toys and picture-books, also a night-nursery with three little beds in it. And they had a most uncommon kind of nurse. She was called Nana, like other nurses, but she was really a large Newfoundland dog. Her kennel was in the nursery, so that she could keep her eye on the children all the time. She was rather prim and particular, and would have everything just so, but she was splendid at games, and would join in the wildest romps. In fact, she was a real treasure: she bathed and dressed the children, saw that they got up and went to bed in proper time. Oh, I tell you, she wouldn't stand any nonsense! She gave them their medicine when it was wanted, changed their pinnies when they became too grubby, and took them to the Kindergarten and back

te: Wendy, Hans und Michel. Sie wußte nie recht, wen sie eigentlich am liebsten hatte. Alle drei waren sehr brav, aber Wendy war doch die bravste. Sie versuchte immer, ihrer Mutter so ähnlich wie nur möglich zu werden. Sie gab sich sehr große Mühe, denn es war gar nicht einfach.

Die drei kleinen Lieblings hatten ein sehr nettes Kinderzimmer und eine Unmenge Bilderbücher und Puppen, dazu ein Schlafzimmer mit drei kleinen Bettchen. Etwas ganz Besonderes aber war ihr Kindermädchen. Sie hieß Nana, wie andere Kindermädchen auch, aber sie war ein riesiger Neufundländer – Hund. Ihre Hundehütte hatte sie im Zimmer der Kinder, so daß sie die Drei immer beaufsichtigen konnte. Sie war sehr pedantisch und genau und wollte immer alles nach ihrem Kopfe haben. Doch konnte man herrlich mit ihr spielen und die schönsten Balgereien veranstalten. Sie war wirklich ein Schatz von einem Kindermädchen: Sie badete die Kinder, zog sie an und sah darauf, daß sie rechtzeitig aufstanden und rechtzeitig ins Bett kamen. Aber das kann ich Euch sagen, Unsinn duldete sie keinen. Sie gab ihnen Arznei, wenn es nötig war, wechselte ihre Schürzen, wenn sie schmutzig wurden. Sie brachte sie jeden Tag in den Kindergarten und

every day, carrying an umbrella if it looked like rain.

The only person at No. 14 (this was the Darlings' house) who did not much care for Nana was Mr. Darling, the father of Wendy, John and Michael. He was very faddy about what the neighbours thought, and he felt that they must certainly think it extremely odd to have a dog for a nurse. So Nana was never allowed to appear in the drawing-room, and if visitors came she was shut up in the nursery, while the door was opened by the tiny little maidservant, Liza. Everybody knew that Mr. Darling was not the best of friends with Nana, but everybody pretended not to know. It was a pity he was so set against her.

However, the children had other things to take up their minds. When the Kindergarten part of the day was over, and it wasn't time yet for the evening romps and dances, they talked to each other about the Never-Land. One could go on doing that for hours. The Never-Land was a make-believe island, full of delightful places and interesting people. It is very hard to describe, because an island of that sort changes about from day to day, according to how you

holte sie wieder ab. Und wenn es nach Regen aussah, nahm sie einen Schirm mit.

Der Einzige in Nummer 14 – das war nämlich ihre Hausnummer –, der Einzige, der von Nana nicht viel hielt, war Herr Liebling, der Vater von Wendy, Hans und Michel. Er dachte immer, was werden wohl die Nachbarn denken, und er fühlte, daß sie es sicher seltsam fanden, wenn man einen Hund zum Kindermädchen hatte. Deshalb durfte Nana nie im Salon erscheinen, wenn Gäste kamen. Sie wurde in das Kinderzimmer eingeschlossen und Liesel, das kleine Stubenmädchen, mußte den Gästen öffnen.

Jeder im Haus wußte, daß Herr Liebling mit Nana nicht sehr gut stand, aber jeder tat, als wisse er es nicht. Es war ein Jammer, daß er so gegen sie eingestellt war.

Wie dem auch sei, die Kinder waren mit anderem beschäftigt. Wenn nach dem Kindergarten die Zeit für die allabendlichen Raufereien und Tänze nicht gekommen war, erzählten sie sich vom Nirgendsland. Das konnten sie stundenlang treiben. Das Nirgendsland ist eine Insel voll entzückender Winkel und voll seltsamen Volks. Sie ist schwer zu beschreiben, denn eine Insel dieser Art wandelt sich von Tag zu Tag, wie man sie sich gerade wünscht. Einmal

want it to be, It might be all over fairies, dwarfs, and goblins, or it might have giants who live in enchanted castles, and princes (always the youngest of three) who go and attack them. Or it might have a robbers' cave, and a tumble-down cottage where a witch makes magic. There could be pirates there, too, and all sorts of ships (that's where an island comes in so useful), and coral reefs, and underground rivers. There is no end to the wonderful things in the Never-Land.

The most wonderful of all, though, is Peter Pan.

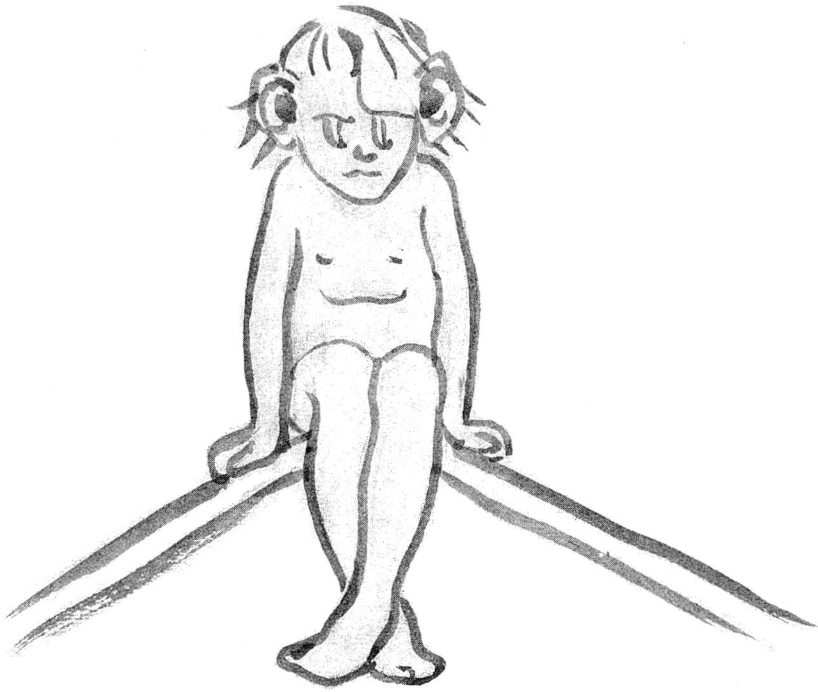

wimmelt sie von Elfen, Zwergen und Kobolden, oder es wohnen Riesen drauf in verhexten Schlössern und drei Prinzen, deren jüngster die Riesen bekämpft. Manchmal besitzt die Insel auch eine Räuberhöhle oder eine wacklige Hütte, in der eine Hexe haust. Schließlich sind Piraten da und alle möglichen Schiffe – denn dazu eignet sich eine Insel doch besonders gut – und Korallenriffe lauern und unterirdische Flüsse. So gibt es noch eine Menge anderer wunderbarer Dinge auf dem Nirgendsland.

Das Wunderbarste aber von allem ist doch Peter Pan.

Now, Mrs. Darling knew, more or less, about the Never-Land. Very likely, when she was little, she had had a make-believe island of her own, cram-full of flowers, and kisses, and fairy ladies. As time went on, she forgot about it. Still, she liked to hear what the children had to tell her.

There was one thing, however, which puzzled her: and that was the name Peter Pan. Wendy had the most to say about him; but John and Michael mentioned him now and then. When Mrs. Darling asked, 'But who is Peter Pan?' nobody could explain. Only Wendy said that he wasn't a grown-up person, he was just her size, Wendy was now about nine. Mrs. Darling thought, perhaps, he was some boy at the Kindergarten.

But, one day, Wendy told her that Peter sometimes came in the night, and sat at the end of her bed, playing on his pipes. No Kindergarten boy would do that. Besides, he couldn't get into the house without somebody knowing.

So Mrs. Darling said that Wendy was talking nonsense. Nobody could come in at night like that.

Wendy replied that it was not nonsense; Peter came in by the window. She said, 'You

Frau Liebling wußte mehr oder weniger Bescheid vom Nirgendsland, wahrscheinlich hatte sie, als sie noch klein war, auch eine solche Märcheninsel besessen, voller Blumen und Küsse und Elfen. Mit der Zeit freilich hatte sie es vergessen, aber sie hörte gerne ihre Kinder davon erzählen.

Nur etwas war ihr ein Rätsel, und das war der Name Peter Pan. Wendy wußte am meisten von ihm zu erzählen, aber auch Hans und Michel erwähnten ihn hie und da. Wenn Mamma Liebling fragte, aber wer ist denn dieser Peter Pan, konnte es ihr niemand so recht erklären. Nur Wendy sagte, er sei kein Erwachsener, sondern nur etwa so groß wie sie selbst. Wendy war jetzt neun Jahre alt. Vielleicht ist es ein Kindergarten-Bub, überlegte Frau Liebling. Doch eines Tages erzählte Wendy, daß Peter sich oft des Nachts an ihr Bettende setze und auf einer Flöte spiele. Nein, das konnte kein Kindergarten-Bub sein! Außerdem konnte er auch nicht ins Haus hereinkommen, ohne daß jemand es merkte. Drum sagte Frau Liebling, Wendy rede Unsinn, niemand könne so bei Nacht hereinkommen.

Wendy erwiderte, sie rede keinen Unsinn, Peter komme eben zum Fenster herein. „Erinnerst Du Dich an die komischen Blätter, die

know those funny leaves that were on the floor to-day by the window? You couldn't think what they were?'

Mrs. Darling certainly had picked up some queer unknown leaves. She said: 'What have leaves got to do with Peter Pan?'

'They are off his shoes,' said Wendy. 'Naughty boy, he will not wipe his shoes. He never does.'

'Why have you never told me all this before?' asked her mother.

'I suppose I forgot,' said Wendy.

Mrs. Darling was very uneasy, and she searched all over the nursery to see if the naughty boy was hiding anywhere. She asked Mr. Darling if he had ever heard of a person called Peter Pan. But he said, 'Oh dear me! it's some silly stuff that Nana has been putting into the children's heads. What do you expect if you will have a dog for a nurse?' She thought she would show him the leaves; but on second thoughts she did not.

The following evening Mrs. Darling was sitting sewing by the night-nursery fire. Nana

heute beim Fenster auf dem Boden lagen? Hast Du gewußt, was das war?“ fragte sie.

Ja, Mutter Liebling hatte einige sonderbare Blätter aufgelesen.

„Was haben denn die Blätter mit Peter Pan zu tun?“

„Sie sind von seinen Schuhen abgefallen“, sagte Wendy, „der Nichtsnutz wischt auch nie seine Schuhe ab, aber auch gar nie!“

„Warum hast Du mir nie davon erzählt?“ fragte ihre Mutter.

„Ach, ich habe nicht mehr daran gedacht“, sagte Wendy.

Frau Liebling beunruhigte das sehr, sie suchte im ganzen Zimmer umher, ob der Lausbub sich vielleicht irgendwo versteckt halte. Schließlich fragte sie auch Vater Liebling, ob er je von einem Jungen namens Peter Pan gehört habe. Aber der sagte nur: „Ach Gott, das ist sicher wieder so ein Blödsinn, den Nana den Kindern in den Kopf gesetzt hat. Was kann man auch anderes erwarten, wenn man einen Hund zum Kindermädchen hat?“

Mutter Liebling dachte schon daran, auch die Blätter zu zeigen, aber dann tat sie es doch lieber nicht.

Am nächsten Abend saß Mutter Liebling am Kamin im Kinderzimmer und stopfte Strümpfe.

had gone out, so she herself had bathed the little ones and put them to bed. They had dropped off to sleep while she sang to them. She had lit their tree night-lights, and everything was as quiet as could be. Presently, it was so peaceful that she went to sleep too.

And suddenly the night-nursery window flew open by itself, and a lovely boy dropped in. He was dressed in leaves of every colour. When he saw a grown-up sitting there, he was very much annoyed. Mrs. Darling, waking with a start, knew at once – though I can't say how she knew – that this must be Peter Pan.

Nana hatte Ausgang, so hatte sie selbst die Kinder gebadet und ins Bett gesteckt. Sie waren auch bald eingeschlummert, während sie ihnen vorsang. Die drei Nachtlämpchen brannten und es war so still und friedlich, daß auch sie einnickte.

Plötzlich flog das Schlafzimmerfenster auf und ein hübscher kleiner Junge flog herein. Sein Anzug bestand aus vielen bunten Blättern. Als der Bub eine Erwachsene dasitzen sah, wurde er sehr zornig.

Mutter Liebling fuhr mit einem Ruck aus dem Schlaf auf und wußte sofort – ich kann nicht sagen, woher –, daß dies Peter Pan sein müsse.

CHAPTER TWO

How Mr. Darling disliked Nana

Mrs. Darling cried out in her surprise; and that moment the door opened, and Nana came in. When she saw the boy, she growled and sprang at him. She did not catch him, for he leaped through the window before she could shut it. But she caught his shadow, and brought it in her mouth to Mrs. Darling. It was quite a common sort of shadow; it might have belonged to any boy.

Mrs. Darling rolled it up carefully and put it away in a drawer. She was more puzzled than ever. But she knew, if she told Mr. Darling what she had seen, he would say it all came of having a dog for a nurse. And really Nana had done her best.

Nothing more happened until about a week later. It was Friday evening. Mr. and Mrs. Darling were dressing to go to a party, and Nana was busy putting the children to bed. She began as usual with Michael. She had put on his bath water, taken the towel in her mouth,

KAPITEL 2

Vater Liebling gerät in Wut

Frau Liebling schrie laut auf vor Überraschung. Da sprang die Türe auf und Nana kam herein. Als sie den Buben sah, knurrte sie und sprang nach ihm. Sie erreichte ihn aber nicht. Er entkam durch das Fenster, aber Nana hatte seinen Schatten erwischt. Sie brachte ihn brav zu Frau Liebling. Es war ein ganz gewöhnlicher Schatten, der genausogut einem anderen Jungen hätte gehören können.

Frau Liebling rollte ihn sorgfältig zusammen und schloß ihn in eine Schublade. Sie stand wirklich vor einem Rätsel, aber sie wußte, wenn sie Herrn Liebling erzählte, was sie gesehen hatte, würde er sagen, das komme alles davon, daß man einen Hund zum Kindermädchen habe. Und Nana hatte doch wirklich nur ihr Bestes getan.

Etwa eine Woche lang geschah nichts weiter. Es war an einem Freitagabend. Herr und Frau Liebling richteten sich gerade für eine Abendgesellschaft und Nana war damit beschäftigt, die Kinder zu Bett zu bringen. Wie gewöhnlich begann sie mit Michel. Sie hatte das Badewas-

and set Michael on her back to carry him; but Michael was cross because he couldn't stay up any longer. He shouted, and kicked, and said he wasn't going to bed. 'I won't, I won't!' he cried. 'And I don't love you any more, Nana!'

Mrs. Darling looked so pretty that Michael became good at once. She was all in white, with a necklace that Mr. Darling had given her, and a bracelet that Wendy had lent her. Wendy thought it was lovely to have a bracelet good enough to lend to such a pretty lady. Mrs. Darling was like a smile and a kiss and a flower all made into one.

Wendy and John were playing at being Father and Mother. They had just had a make-believe baby born, and were ever so pleased. Michael couldn't play, because he was in his bath. It was terribly lonely being soaped and sponged – oh, you can't think how particular Nana was! – just when the others were so jolly. Michael jumped out of the water, and before he was half dry he was cuddling up to Mrs. Darling. Some

ser schon aufgestellt, das Badetuch ins Maul genommen und Michel auf ihren Rücken gesetzt, um ihn reiten zu lassen: Doch Michel war unartig, weil er nicht länger aufbleiben durfte. Er schrie und schlug und sagte, er gehe nicht zu Bett. „Ich will nicht und ich will nicht!" schrie er, „und ich hab Dich nicht mehr lieb, Nana!" Frau Liebling sah zur Türe herein. Sie war so wunderschön, daß Michel bei ihrem Anblick gleich wieder brav wurde. Sie war ganz in Weiß gekleidet und trug eine Halskette, die ihr Vater Liebling einmal geschenkt hatte, und ein Armband von Wendy. Wendy fand es herrlich, ein Armband zu besitzen, das gut genug war, daß man es einer so schönen Dame leihen konnte. Frau Liebling war wie ein Kuß, ein Lächeln und eine Blume in einem.

Wendy und Hans spielten gerade Vater und Mutter. Sie hatten eben ein Kind bekommen und waren selig vor Glück. Michel konnte nicht mitspielen, er saß ja in der Wanne. Er fühlte sich schrecklich einsam, während er eingeseift und abgewaschen wurde. – Ihr könnt Euch auch gar nicht vorstellen, wie genau Nana es damit nahm. Und die andern durften so fröhlich sein! Michel sprang aus dem Wasser und noch ehe er abgetrocknet war, kuschelte er sich an Frau Liebling. Andere Mütter hätten

mothers would have minded hugging a wet child: but Mrs. Darling was so very sweet.

At this moment the door banged open, and slammed shut. Not by itself, of course: but because Mr. Darling rushed in, in a raving, ramping, roaring rage. Mr. Darling was a kind man, but he had got what they call a short temper. That is, his temper was very good for a short while, and then very bad for a short while, and so on, turn and turn about. This was often rather awkward, because he changed so suddenly. This time the bad temper had come on all in a minute. Mr. Darling had been trying to tie his party tie, and it wouldn't let him fix it.

sich vielleicht gehütet, im Abendkleid ein nasses Kind in die Arme zu nehmen. Aber Mutter Liebling war ja so herzensgut.

In diesem Augenblick krachte die Türe auf und knallte wieder zu, natürlich nicht von selbst, sondern weil Vater Liebling hereinstürzte, heulend und tobend vor Wut. Herr Liebling war sonst ein gutmütiger Mensch, aber er hatte keine Spur von Geduld. Einige Zeit konnte er ganz gut gelaunt sein, dann wieder sehr schlecht, und so dauernd hin und her. Er hatte versucht, seine Krawatte zu binden, und sie wollte und wollte sich nicht binden lassen.

Ties are often like that, especially if they know you are in a hurry.

'What is the matter, Father dear?' said Mrs. Darling.

'Matter!' yelled Mr. Darling, and his eyes nearly started out of his head. 'Why, this tie will tie round the bedpost all right, but it won't go round my neck! I've done it twenty times over, and it simply refuses to be tied!'

'Dear, dear!' said Mrs. Darling. The children all tried to put on expressions showing how sorry they were; but Mr. Darling took no notice. He worked himself up into an even worse rage, and went on to say that they would all be starved now. Because, he bellowed, he wouldn't go to the party unless his tie was tied properly round his neck; and if he didn't go to the party, he should never go to his office again. And then he should never earn any more money; and he and Mrs. Darling and the children would become poor homeless beggars. All on account of the tie.

'Let me try, dear,' said Mrs. Darling in a voice like a cooing dove. And she fastened his tie for him quite calmly and easily. The next moment

Krawatten sind oft so, besonders wenn sie wissen, daß man Eile hat.

„Was ist los, Papa?" fragte Frau Liebling.

„Was los ist?" schrie Herr Liebling gellend und seine Augen fielen ihm fast aus dem Kopf. „Diese elende Krawatte läßt sich ganz gut an einem Bettpfosten binden, aber nicht an meinem Hals. Ich habe es schon über zwanzig Mal versucht, es geht einfach nicht."

„Du lieber Gott!" sagte Frau Liebling, und die Kinder suchten durch ihr Mienenspiel ihr Bedauern zu zeigen. Aber Herr Liebling achtete gar nicht darauf. Immer ärger arbeitete er sich in seine Wut hinein und schließlich sagte er, sie würden alle Hungers sterben, denn wenn seine Krawatte nicht sauber gebunden wäre, würde er nicht in die Gesellschaft gehen, und wenn er nicht in die Gesellschaft gehe, würde er nie mehr in sein Büro gehen und dann könnte er kein Geld mehr verdienen und er und Frau Liebling und die Kinder würden arme heimatlose Bettler werden! Alles nur wegen der Krawatte!

„Laß mich es versuchen, mein Lieber!" bat Frau Liebling, und ihre Stimme klang gurrend und zart wie die einer Taube. Sie brachte ihm seine Krawatte in Ordnung, ganz ruhig und ohne die geringste Mühe. Im nächsten Augen-

Mr. Darling, in wonderful good humour, was prancing about the room with Michael on his back. His short bad temper was over – until next time.

Everybody was dancing and jumping and squeaking with delight, when Nana (who generally joined in romps) hurried in. And she knocked up by accident against Mr. Darling as he whirled to and fro – and a lot of her long hairs came off upon his nice new trousers. This annoyed him dreadfully, and although Mrs. Darling brushed him clean, he began to talk again about how stupid it was to have a dog for a nurse.

Mrs. Darling felt sad that he did not get on well with Nana. So she told him about the strange boy who had come in and gone out at the window: and how Nana had tried to seize the boy, but only got hold of his shadow.

'Pooh! Nonsense!' said Mr. Darling; but when he was shown the shadow, he left off saying 'Nonsense!' It was not a very odd shadow; but of course, being left wrapped up in a drawer had made it queerer. While Mr. Darling was looking at it, Nana returned to give Michael his cough medicine, carrying the bottle and the spoon in her mouth.

blick marschierte Papa Liebling mit Michel auf den Schultern in bester Laune im Zimmer umher. Seine kurze schlechte Laune war – zunächst – vorüber. Alles tanzte und hüpfte und quietschte vor Vergnügen. Nana, die sich sonst gerne an allgemeinen Tollereien beteiligte, kam herein und stieß zufällig an Herrn Liebling. Eine Menge langer Haare blieb an seinen neuen feinen Hosen hängen. Das ärgerte ihn gewaltig, und obwohl Frau Liebling ihn sofort wieder sauber bürstete, begann er das alte Lied, wie blöd es sei, einen Hund zum Kindermädchen zu haben.

Es betrübte Frau Liebling sehr, daß er von Nana so schlecht sprach. So erzählte sie ihm von dem seltsamen Buben, der vom Fenster herein- und wieder hinausgeflogen sei, und wie Nana versucht habe, ihn zu packen, aber nur noch seinen Schatten erwischt habe.

„Pa, Unsinn" machte Herr Liebling. Doch als man ihm den Schatten vorwies, sagte er nicht mehr „Unsinn". Es war kein besonderer Schatten, aber daß er zusammengerollt in einer Schublade gelegen war, machte ihn seltsam genug. Während Herr Liebling ihn noch betrachtete, kam Nana zurück, um Michel seinen Hustensaft zu bringen. Flasche und Löffel trug sie im Maul.

Michael said at once that he wouldn't take it. He said the same thing every night. Nana waited patiently.

'Come, be a man, Michael,' said his father.

'Won't,' replied Michael. This was his pet word.

'I will fetch you a chocolate to take after it,' said Mrs. Darling, and she left the room.

'You shouldn't pamper him,' cried Mr. Darling; and he went on: 'Michael, when I was a little boy I took medicine without all this fuss. I said 'Thank you, dear father and mother, for giving me stuff to make me well. And the medicine I have to take is much, much nastier than yours. I would take it now, just to show you, only the bottle is lost.'

'Oh, I know where it is!' cried Wendy, who was in her nightgown. And in another minute she was back with Mr. Darling's proper dose, in a glass.

Mr. Darling really hated taking it; and he made all sorts of excuses. He said he would be sick, and there was a lot more in his glass than in Michael's, and so on. Michael said: 'Father must take his first,' and when Mr. Darling said,

Sofort sagte Michel, er würde ihn nicht nehmen. Das sagte er jeden Abend. Nana wartete geduldig. „Komm, Michel, sei ein Mann!" sagte sein Vater.

„Ich will nicht!" gab Michel zurück, das war seine Leib- und Magenantwort.

„Ich will Dir Schokolade holen!" sagte Frau Liebling und verließ das Zimmer.

„Du sollst ihn nicht verwöhnen!" rief Herr Liebling, und an seinen Jüngsten gewandt fuhr er fort: „Michel, als ich so ein kleiner Bub war, nahm ich meine Arznei ohne so ein Theater. Ich sagte: Danke, liebe Eltern, daß Ihr mir etwas gebt, das mich gesund macht! – Die Arznei, die ich jetzt nehmen muß, ist viel, viel scheußlicher als Deine. Ich würde sie aber doch nehmen, nur um Dir's zu zeigen, aber ich weiß nicht, wo sie steckt".

„Oh, ich weiß, wo sie ist!" rief Wendy, die im Nachthemd dabeistand, und im nächsten Augenblick war sie wieder mit einem Glas zurück. Die rechte Dosis für Papa war schon drin. In Wirklichkeit freilich haßte Herr Liebling seine Arznei und suchte jetzt alle möglichen Ausflüchte: Er müsse erst krank sein und es sei viel, viel mehr in seinem Glas, als in dem Michels, und so fort. Michel sagte: „Vater muß seine Arznei zuerst trinken!", und als der Vater

'No, Michael first,' Michael said, 'Father's a cowardy custard.'

'Why not both of you take it the same time?'said Wendy.

'All right,' said Mr. Darling. Then Wendy counted three, and Michael swallowed his medicine; but Mr. Darling hid his own glass behind him. He didn't know what to do with the stuff, and he couldn't be made to drink it; so he poured it into Nana's bowl. He pretended this was great fun. The children watched him in silence. When Nana came in again, he told her: 'Good dog, Nana, I have put some milk in your bowl.' And indeed it looked like milk; but when Nana tasted it; she knew he had played a trick on her. She went into her kennel, shedding tears, and had to be cuddled and comforted; so, directly after, had the three children.

For Mr. Darling, who knew he was in the wrong, made things worse by being very cross with Nana. 'I won't have a dog in the nursery!' he shouted, 'I shall tie her up in the back yard.' And he did so. Just fancy, tying up your nurse in the yard!

Poor Nana could not think why she should be treated like that. She whined, for it was snowing off and on; and by and by she barked,

sagte: „Nein, zuerst Michel", sagte Michel: „Vater ist ein Hasenfuß!"

„Warum nehmt ihr es nicht gleichzeitig?" fragte Wendy. „Gut!" meinte Papa Liebling. Wendy zählte auf drei. Michel schluckte seine Arznei hinunter, Herr Liebling aber hielt rasch sein Glas hinter seinen Rücken. Er wußte nicht, was anfangen mit dem Zeug, und nichts auf der Welt hätte ihn bewegen können, es zu trinken. So goß er es einfach in Nana's Napf und tat, als sei das ein Mordsspaß. Unter tödlichem Schweigen beobachteten die Kinder sein Tun. Als Nana wieder hereinkam, sagte er zu ihr: „Liebe Nana, ich habe Dir etwas Milch in Deinen Napf getan." Es sah wirklich aus wie Milch. Doch als Nana schwanzwedelnd leckte, merkte sie, daß er ihr einen Streich gespielt hatte. Sie kroch in ihren Stall und große Tränen kullerten über ihre haarigen Wangen. Sie mußte gestreichelt und getröstet werden und die Kinder ebenfalls. Wohl wissend, daß er im Unrecht sei, verschlimmerte er die Lage, indem er anfing, über Nana zu wüten. „Ich will keinen Hund im Kinderzimmer!" schrie er, „ich werde Nana im Hinterhof anbinden", und das tat er denn auch spornstreichs. Stellt Euch einmal vor, Euer Kindermädchen würde im Hinterhof angebunden! Die arme Nana konnte sich gar

for she could smell some sort of danger in the air. Mrs. Darling heard these noises, while she put the children to bed and lit their night-lights. Wendy, John, and Michael fell asleep while she was still singing to them. She felt uneasy at leaving them alone: but there did not seem any harm likely to happen. Besides, the party where she was going was only a few doors off, at No. 27. Still, she would have been glad to stay at home by the three little heads in the three little beds.

She looked out at the stars – there seemed a great many more than usual, and much nearer, too, as if they wanted to peep inside the house. Then she went off with Mr. Darling. Neither of them felt the least bit partyish. They crossed the road to No. 27.

And directly these grown-up people were well out of the way, the stars became wildly excited, and could be heard (if anybody had been listening) calling out: 'Hi! Peter! Hurry up! Come along, Peter!'

nicht denken, warum sie so behandelt wurde. Sie winselte kläglich, denn es schneite schon. Hin und wieder bellte sie auch, denn sie witterte, daß irgend eine Gefahr in der Luft lag. Mutter Liebling hörte diese Laute wohl, während sie ihre Kinder zu Bett brachte und ihre Nachtlämpchen anzündete. Es machte ihr Sorge, sie allein zu lassen. Doch was konnte schon Schlimmes geschehen? Außerdem wohnten die Leute, die sie besuchen wollten, nur ein paar Häuser weiter, in Nummer 27. Dennoch wäre sie lieber daheim geblieben bei den drei kleinen Köpfchen in den weißen Bettchen.

Sie blickte hinauf nach den Sternen. Es schienen heute viel mehr zu sein als sonst, auch schienen sie näher, als wollten sie in ihr Haus hineinspicken. Unruhig ging sie mit Herrn Liebling weg. Sie waren beide nicht besonders zu einer Gesellschaft aufgelegt. Bei Nummer 27 überquerten sie die Straße.

Kaum waren die beiden Erwachsenen recht außer Sicht, wurden die Sterne ganz aufgeregt, und wenn jemand gehorcht hätte, hätte er sie rufen hören: „He, Peter! Eil' Dich, Peter! Komm schnell!"

CHAPTER THREE

Peter, Wendy, and a thimble

Now it was all dark and quiet in the little Darlings' room, for the three night-lights went out almost directly Mrs. Darling did.

But it was only dark for a moment, for a bright light flew in at the window (one side of which was open) and rushed to and fro like a ball of quicksilver. If this light had ever stood still, it would have been seen for what it was – a lovely little-girl fairy, called Tinker Bell. She was darting all round the room hunting for Peter's shadow. But that was folded up in a drawer, you know, and she never thought of looking there. She was too busy searching in pockets and behind pictures. She even peered into a jug: it was empty, and she dropped into it to see what it was like. First time she had ever been in a jug in her life. She did enjoy it!

KAPITEL 3

Peter, Wendy und ein Fingerhut

Es war jetzt ganz dunkel und still im Zimmer der kleinen Lieblinge, denn gleich nachdem Frau Liebling den Raum verlassen hatte, waren die drei Nachtlämpchen ausgegangen. Doch nur für einen Augenblick war es dunkel, dann flog ein prächtiges Licht zum Oberfenster herein und funkelte dahin und dorthin wie eine Quecksilberkugel. Wenn dies Lichtchen einmal stille gestanden wäre, hätte man sehen können, was es war – ein niedliches kleines Elfchen mit Namen Bimmelchen. Im ganzen Zimmer schoß es umher und suchte nach Peters Schatten. Der lag indes, wie Ihr wißt, zusammengefaltet in einer Schublade und natürlich dachte sie nicht daran, dort nachzusuchen. Voll Eifer forschte sie in Taschen und hinter Bildern, ja sie guckte sogar in einen Krug hinein. Er war leer und groß und bauchig, und sie ließ sich hineinfallen, um zu sehen, wie er innen war. Es war das erste Mal in ihrem Leben, daß sie in einem Krug saß, und darum machte es ihr auch solchen Spaß.

So her light was hidden when Peter himself came in at the window. He guessed where she was. 'Oh, Tink, do come out of that jug!' he called softly, 'and tell me, have you found where they put my shadow?'

She answered him in a voice like a tiny bell with a silvery tinkle, which is the fairy language. It was the only way she could speak, and that's why she was named Tinker Bell. Peter knew what she meant, though nobody else could have understood. She said that his shadow was somewhere in the big box – she meant the chest of drawers. It was too big for her to open. Peter had his shadow out in a second, and was so excited at getting it back that he shut up Tinker Bell in the drawer and never noticed.

The bother was, his shadow wouldn't join on to him again. It had forgotten that it belonged to him. He tried to stick it on with some soap, but that was no good. The shadow just fell off and lay on the floor. Peter was so disappointed about it that he sat on the floor beside it, sobbing loudly.

So war ihr Licht verdeckt, als Peter selbst zum Fenster hereinflog. Er erriet sofort, wo sie steckte. „Komm doch aus diesem dummen Krug heraus, Bimmelchen", rief er leise, „und sag mir, ob Du herausgefunden hast, wo sie meinen Schatten hingesteckt haben."

Ihre Antwort klingelte wie ein winziges Silberglöckchen. Bimmelchen konnte nur die Elfensprache fliessend sprechen, und darum hieß sie auch so. Peter verstand natürlich gut, was sie sagte, doch niemand anderes hätte auch nur ein Wort verstehen können. Sein Schatten sei irgendwo in der großen Kiste – sie meinte die Kommode –, die sei ihr zu groß, die habe sie nicht aufbringen können. Im Nu hatte Peter seinen Schatten heraus und war so überglücklich, ihn wieder zu haben, daß er Bimmelchen in die Schublade einschloß und es gar nicht bemerkte.

Der Fehler war nur, daß sein Schatten nicht mehr an ihm haften blieb. Er hatte inzwischen vollkommen vergessen, daß er zu Peter gehörte. Peter versuchte, ihn mit Seife anzukleben, es ging nicht; der Schatten fiel ab und lag lang hingestreckt auf dem Boden. Darüber war Peter so enttäuscht, daß er sich neben seinen Schatten auf den Boden hockte und laut zu heulen begann. Wendy erwachte von dem Schluchzen

Wendy was wakened by the sound of sobs, and she sat up in bed to listen. She had seen Peter before, in dreams, so she was not a bit surprised to see him now. She asked him, quite politely, 'Boy, what are you crying for?'

Peter got up, and they bowed to each other most beautifully. He wanted to know what her name was; and she told him. It was a sweet name: 'Wendy Moira Angela Darling. What's yours?' she asked. But when he answered, 'Peter Pan,' she said, 'Is that all?' And this rather annoyed him; he was a touchy boy. Wendy wished she had not said, 'Is that all?'

'Where do you live?' she went on. Peter answered, 'Second turn to the right, and then straight on till morning.' Wendy nearly said, 'Is that all?' again, but she was too polite. She looked at Peter, and saw how prettily he was dressed, in leaves sewn together; some of the leaves, however, were coming undone. She was just going to offer to fix them up for him, when he began to explain why he was crying. It was because he could not get his shadow to stick on. So Wendy fetched her needle and cotton and thimble, and sewed the shadow on to Peter's foot; she hurt him as little as she could

und saß in ihrem Bettchen auf, um zu lauschen. Sie war Peter schon früher in Träumen begegnet, so daß sie jetzt kein bißchen erstaunt war, ihn leibhaftig vor sich zu sehen.

„Was heulst Du denn, Kleiner?" fragte sie höflich. Peter stand auf und beide machten sich eine zierliche Verbeugung. Er wollte wissen, wie sie heiße. Es war ein goldiger Name: Wendy Moira Angela Liebling". „Und wie heißt Du?" fragte sie ihn. Aber als er antwortete: „Peter Pan", sagte sie, „ist das alles?", und das ärgerte ihn sehr, denn er war ein empfindsamer Bub. Wendy wünschte auch gleich, sie hätte es nicht gesagt.

„Wo wohnst Du denn?" fragte sie weiter, und Peter antwortete: „Zweite Querstraße nach rechts und dann gerade aus gen Morgen!" Und wieder hätte Wendy beinahe gesagt: „Ist das alles?", aber sie war natürlich viel zu höflich dazu. Sie betrachtete Peter und sah, wie hübsch er in seinem Blättergewand aussah. Einige Blätter hielten nicht mehr fest. Eben wollte Wendy Peter anbieten, sie ihm wieder fest zu nähen, da erklärte er ihr, warum er geweint habe. Sein Schatten wolle nicht mehr an ihm haften bleiben. Sofort holte Wendy Nadel, Faden und Fingerhut und nähte den Schatten wieder an Peters Fuß. Sie gab sich dabei alle

help. When he found that it was now safely stuck on he danced about and crowed with joy. For, to tell the truth, Peter was very conceited. And instead of saying, 'Thank you, Wendy, how kind you are!' he crowed, 'Oh, how clever I am!'

Wendy was offended, and no wonder. She went back to bed; and Peter had to come and beg her pardon before she would even peep out from under the blankets. But she was a good, forgiving little girl; and by and by she sat beside Peter on the side of the bed and said, 'If you like, I will give you a kiss'.

Peter held his hand out.

'Surely you know what a kiss is!' said Wendy.

'I shall know when you give it me,' Peter answered.

Wendy did not want his feelings to be hurt any more, so she took off her thimble and gave him that. It was a nice little silver one. Peter liked the thimble so much that he offered to give Wendy a kiss. She turned her face towards him, and he gave her an acorn button off his coat.

Mühe, ihm möglichst wenig wehe zu tun. Als er merkte, daß der Schatten wieder fest saß, tanzte er herum und jauchzte vor Freude, denn Peter war, wenn ich die Wahrheit sagen soll, sehr eingebildet, und anstatt zu sagen: „Danke, Wendy, wie nett von Dir!", jauchzte er: „Ich bin doch ein Kerl!"

Wendy war gekränkt und das mit Recht. Sie schlüpfte wieder in ihr Bett und Peter mußte herkommen und sie um Verzeihung bitten, ehe sie auch nur eine Nasenspitze unter der Decke hervorblicken ließ. Doch war sie ein gutes, nachsichtiges Mädchen und bald saß sie neben Peter auf der Bettkante und sagte: „Wenn Du willst, gebe ich Dir einen Kuß!"

Peter streckte seine Hand hin.

„Du weißt doch, was ein Kuß ist?" staunte Wendy.

„Wenn Du mir einen gibst, weiß ich's!" sagte Peter.

Wendy wollte seine Gefühle nicht noch einmal verletzen, so zog sie ihren Fingerhut ab und gab ihn Peter. Es war ein hübscher, silberner Fingerhut. Peter gefiel er so gut, daß er auch ihr einen Kuß anbot. Sie wandte ihm das Gesicht zu und er gab ihr einen – Eichelknopf von seinem Anzug.

It was not the sort of kiss she cared about; but she said she would always wear it on the chain round her neck. After all, she could not expect everyone to know as much about kisses as Mrs. Darling did. Especially Peter, who, Wendy soon found out, had no mother.

'No mother?' Wendy was shocked.

'Don't have a mother', said Peter. 'Don't want one. What use would a mother be to me?'

'How old are you?' Wendy asked him.

'Don't know,' said Peter.

'If you did have a mother, at any rate you could ask her how old you were. She would know,' said Wendy.

'She might,' said Peter; 'but you see, Wendy, I ran away the day I was born!'

'Oooh!' exclaimed Wendy, 'what a silly thing to do!'

'Not at all, ' replied Peter. 'I heard my father and mother talking about what I was to be when I was a grown-up man. And I don't want to be grown-up! I won't be grown-up! I want to stay a little boy for ever and ever and ever!'

'Oooh!' cried Wendy again; 'but how can you do that?'

Das war nicht die Sorte Kuß, auf die sie Wert legte. Aber sie sagte, sie wolle ihn immer an ihrer Halskette tragen. Eigentlich konnte sie auch nicht erwarten, daß alle soviel vom Küssen verstanden wie ihre Mutter Liebling, besonders Peter nicht, der, wie sie bald herausfand, überhaupt keine Mutter besaß.

„Keine Mutter?“ Wendy war entsetzt.

„Hab keine Mutter“, sagte Peter, „brauch auch keine, was würde eine Mutter mir auch nützen?“

„Wie alt bist Du?“ fragte ihn Wendy. „Weiß nicht“, sagte Peter.

„Wenn Du eine Mutter hättest, könntest Du sie fragen, wie alt Du bist. S i e würde es bestimmt wissen.“

„Mag sein“, gab Peter zu, „aber schau, Wendy, am selben Tag, da ich geboren wurde, rannte ich weg.“

„Oh“ rief Wendy da, „was war das dumm“.

„Gar nicht“ gab Peter zurück. „Ich hörte meinen Vater und meine Mutter darüber reden, was ich einmal werden sollte, wenn ich erwachsen wäre, und ich will nicht erwachsen sein, ich will nicht. Ich will ein kleiner Bub bleiben für immer und ewig!“

„Oh“, rief Wendy wieder, „wie kannst Du nur!“

Peter explained that he had flown right away to Kensington Gardens the day he was born, and had lived a long time among the fairies. And they had told him lots of things. ' So I am now very wise,' he ended. (But that was really only his conceitedness.) 'Yes, Wendy, I believe I am so wise and so clever that I shall never grow up at all if I don't choose!'

Wendy did not feel so sure about the wiseness and cleverness as Peter did. But she loved him ever so much already. And when he said that he had lived with the fairies, she was surprised! 'What!' she said, 'do you really know some fairies?'

'Oh, lots and lots!' said Peter.

'How splendid!' said Wendy.

'Well, yes, perhaps,' said Peter. 'But they are rather a bother, you know. They get in one's way so. Indeed, sometimes I have to spank them.' Then Wendy asked so many questions that he could hardly answer her fast enough. She wanted to know, 'Who are the fairies, really and truly? Where do they come from? What do they live on? Where would one be likely to find any? Would they let me speak to them?' and so on.

Peter erzählte, er sei am Tage seiner Geburt einfach in den Park Kensington weggeflogen und lebe jetzt schon lange bei den Elfen. Sie würden ihm eine Menge wunderbarer Dinge erzählen. „Drum bin ich jetzt sehr klug“, schloß er, doch das bildete er sich nur ein. „Ja, Wendy, ich glaube, ich bin so erfahren und so schlau, daß ich nie erwachsen sein werde, wenn ich nicht will.“

Wendy war nicht so überzeugt von dieser Erfahrenheit und Schlauheit und Klugheit wie Peter, aber sie liebte ihn schon innig, und als er sagte, daß er bei den Elfen lebe, war sie einfach überwältigt. „Was, Du kennst wirklich einige richtige Elfen?“

„Och, 'ne ganze Menge“, prahlte Peter. „Au fein“, rief Wendy.

„Nun ja“, meinte Peter, „weißt Du, sie sind doch eine rechte Plage. Immer stehen sie einem im Weg, manchmal muß man sie sogar verprügeln.“

Wendy fragte und fragte, daß Peter mit dem Antworten kaum nachkam: „Wer sind die Elfen nun eigentlich? Woher kommen sie? Wovon leben sie? Wo könnte man welche finden? Würden sie sich auch mit mir unterhalten?“ Und so weiter und so weiter.

'Well, it's like this,' said Peter. 'When the first baby that ever was, laughed for the first time that ever was – '

'What was the baby's name?' asked Wendy.

'Don't interrupt. I don't know. Anyhow, its laugh broke up into a thousand little tiny pieces, and they all went skipping about and turned into fairies.'

'Were you there?' said Wendy.

'Don't interrupt. No, I wasn't. But there are only a few fairies now, because children don't believe in them. They can't live unless they're believed in. And every time a child says, 'I don't believe there are such things as fairies,' then another fairy falls down dead.'

'Oh, dear!' said Wendy. 'How very sad!'

'Goodness me!' said Peter suddenly. 'I wonder where – Tink! Tink! Tink!' he called, 'where are you?' To tell the truth, he had quite forgotten her. 'I can't think where she has gone to,' he said uneasily; and he got up and began to hunt about.

'Oh, Peter!' cried Wendy, 'surely there isn't a fairy in this room?'

„Also hör mal zu“, sagte Peter, „als das allererste Kindchen zum allerersten Mal lachte....“

„Wie hieß es denn?“

„Unterbreche mich nicht, ich weiß nicht, jedenfalls zersprang sein Lachen in tausend und abertausend winzige Teilchen, und sie alle hüpften herum und wurden zu Elfen.“

„Warst Du mit dabei?“ kam Wendy wieder dazwischen.

„Unterbrich mich doch nicht dauernd. Nein, ich war nicht dabei. Aber es gibt jetzt nur noch wenige Elfen, weil die Kinder nicht mehr an sie glauben. Sie können nicht leben, wenn man nicht an sie glaubt; und jedesmal, wenn ein Kind sagt, ich glaube nicht, daß es Elfen gibt, fällt wieder eine kleine Elfe tot zu Boden.“

„Oh Gott, oh Gott, wie traurig!“ meinte Wendy.

„Du meine Güte!“ rief Peter plötzlich, „möchte nur wissen, wo ....Bimmelchen! Bimmelchen! Wo bist Du?“ Er hatte sie wahrhaftig vollkommen vergessen. „Ich kann mir nicht denken, wo sie hingekommen ist“, sagte er voller Unruhe, stand auf und begann, nach ihr zu suchen.

„Ach!“ –Wendy war ganz aufgeregt– „sicher ist gar keine Elfe im Zimmer.“

'She was here just now – but she is keeping very quiet,' replied Peter. 'Listen, Wendy, listen hard. Do you hear anything?' 'I hear a sound like a tinkle of little tiny bells,' said Wendy. 'It seems to come from the chest of drawers.'

'Why, that's Tink!' said Peter. 'That's the fairy language. Oh, Wendy, I do believe I've shut her up in the drawer!' and he gurgled with laughter.

'Poor little thing! You must let her out at once!' cried Wendy. He opened the drawer where the tinkle was, and Tinker Bell flew out. You silly ass!' she screamed at Peter; and she darted all round the nursery, shrieking with rage.

Peter said he was sorry, but how could he know she was in the drawer?

'Oh, Peter,' cried Wendy, 'if only she would stop still a minute! I can't see her properly.'

'Fairies are like that,' said Peter. 'They hardly ever stand still.' But just then Tink settled for a moment on the top of the cuckoo clock, and glared at Wendy. Tink looked quite ugly with the temper she was in; but Wendy exclaimed, 'Oh, how lovely!'

„Eben war sie noch hier – aber jetzt höre ich sie nicht“, antwortete Peter. „Horch doch, Wendy, horch scharf, hörst Du etwas?“

„Ich höre etwas wie das Klingeln von einem winzigen Glöckchen, es scheint von der Kommode zu kommen.“

„Das ist Bimmelchen. Das ist die Feensprache. Wendy, ich glaube, ich habe sie gar in die Schublade gesperrt.“ Peter gluckste vor Lachen.

„Das arme Ding! Laß es sofort heraus.“

Peter öffnete die Schublade, aus der das Klingeln kam, und Bimmelchen flog heraus. „Blöder Esel!“ zischte sie Peter an und schoß im ganzen Zimmer umher, vor Wut in den höchsten Tönen kreischend. Peter entschuldigte sich, es tue ihm leid, aber wie hätte er wissen sollen, daß sie in der Schublade saß.

„Ach, wenn sie nur einen einzigen Augenblick stillhalten würde!“ rief Wendy. „Ich kann sie gar nicht recht sehen.“

„So sind die Elfen“, belehrte sie Peter, „keine Sekunde bleiben sie still.“

Gerade in diesem Augenblick ließ sich Bimmelchen auf der Kuckucks-Uhr nieder und starrte Wendy voll Wut an. Sie war häßlich anzusehen in ihrer bösen Laune. Aber Wendy war ganz begeistert: „Wie reizend!“

'Tink, the lady would like to have you for her fairy,' said Peter. He thought this would please Tink, and soothe her down. but she answered very rudely. Wendy did not understand the fairy language, so Peter had to explain.

'She says you are a great ugly girl, and she doesn't want to be your fairy; she wants to be mine.'

Wendy did not like this.

'But you know you can't really be my fairy, Tink,' he continued, 'because I'm a gentleman, and you are not.'

'You silly ass!' answered Tink, and she flew into the bathroom.

'You mustn't mind her,' said Peter to Wendy. 'She is a rude, common little fairy. She mends the pots and kettles – that's why she's called Tinker Bell.'

This was not the real reason at all; but Peter had a bad habit of saying the first thing that came into his head. He was now sitting with Wendy in the big arm-chair. She went on asking him more questions.

'Where do you live now, Peter? Are you in Kensington Gardens still?'

„Bimmelchen, das Fräulein möchte Dich zur Kammerelfe haben!"

Peter dachte, das würde Bimmelchen gefallen und beschwichtigen, aber Bimmelchen gab eine sehr grobe Antwort. Wendy verstand die Elfensprache nicht und Peter mußte übersetzen: „Sie sagt, Du seiest ein großes häßliches Mädchen und sie wolle nicht Deine Elfe sein. Sie wolle meine sein."

Das hörte Wendy nicht gerade gern.

„Aber weißt Du, Du kannst wirklich nicht meine Elfe sein. Denn ich bin ein Herr und Du nicht."

„Blöder Esel" gilfte Bimmelchen wieder und flog ins Badezimmer hinüber.

„Nimm's ihr nicht übel", erklärte Peter, „sie ist eben nur eine ganz gewöhnliche kleine Elfe, im Nirgendsland bessert sie Töpfe und Kessel aus, darum heißt sie auch mit ihrem vollen Namen Kesselflickers Bimmelchen."

Das war aber gar nicht der wahre Grund, daß sie so hieß. Nur hatte Peter die üble Angewohnheit, immer das zu sagen, was ihm zuerst in den Kopf kam. – Er setzte sich neben Wendy in den großen Lehnstuhl und Wendy forschte ihn weiter aus: „Wo lebst Du jetzt, Peter? Immer noch im Park von Kensington?"

'Sometimes,' he said, 'but mostly I live in the Never-Land along with the Lost Boys.'

'Are they fairies?'

'No; they are the children who fall out of their perambulators when their nurses aren't watching them. Then the fairies pick them up und take care of them for seven days, to see if anybody comes for them. If not, they are sent away to the Never-Land. And I am their captain.'

'But why are they all boys?'

'Because girls are too clever to fall out of their prams.'

This remark pleased Wendy so much that she said: 'You can give me a kiss.'

'I thought you would want it back,' said Peter rather crossly; and he held out the thimble.

'Oh, dear, I don't mean that,' she said; and she thought, 'If he calls a thimble a kiss, I had better call a kiss a thimble.'

'I meant a thimble,' she told him, 'Like this.' And she kissed him.

'How funny!' said Peter. 'Shall I give you a thimble like that?' He did so; it was rather pecky. But, directly after, Wendy screeched.

„Gelegentlich ja, aber meist lebe ich bei den Verlorenen Buben im Nirgendsland.“

„Sind das auch Elfen?“

„Nein, das sind die Kinder, die aus den Kinderwagen herausgefallen sind, wenn die Kindermädchen nicht aufpassen. Die Elfen heben sie dann auf, nehmen sie in ihre Obhut, um zu sehen, ob niemand nach ihnen fragt, wenn nicht, werden sie ins Nirgendsland weggeschickt. Ich bin der Hauptmann der Verlorenen Buben.“

„Ja, aber warum sind es lauter Buben?“

„Weil die Mädchen zu schlau sind, um aus den Wagen zu fallen.“

Diese Bemerkung gefiel Wendy so gut, daß sie sagte: „Du darfst mir einen Kuß geben!“

„Ich dachte mir doch, Du würdest ihn wieder zurück wollen.“ Ärgerlich streckte Peter ihr den Fingerhut hin.

„Oh Gott, das meine ich nicht“, sagte sie, und dachte: „Wenn er einen Fingerhut einen Kuß nennt, will ich lieber einen Kuß einen Fingerhut nennen.“

„Ich meine einen Fingerhut. – So!“ .... Und küßte ihn.

„Wie spaßig“, sagte Peter, „soll ich Dir auch so einen Fingerhut geben?“ Er tat es. Aber gleich darauf kreischte Wendy laut auf, denn

For Tinker Bell was pulling her hair, and darting to and fro in a worse temper than ever. And when Peter tried to quiet her, she only answered sharply: 'You silly ass!' Certainly Tink was no lady.

CHAPTER FOUR

The children escape

It was beautifully light in the nursery, for Wendy had turned the light up when she was sewing Peter's shadow on. She and he were still sitting, all comfy and cosy, in the big arm-chair; and the next thing Wendy wanted to know was why he was so fond of coming to the window? She thought, of course it was to see her: perhaps to get a little sewing and mending done. But she was quite mistaken.

Peter was a truthful person, and rather a heartless one, too. So he told her (though he could see she was disappointed), he came to listen to stories – the stories Mrs. Darling told the children at bedtime.

Bimmelchen zog sie an den Haaren und schoß hin und her, wütender noch als zuvor. Als Peter versuchte, sie zu beruhigen, antwortete sie nur bissig: „Blöder Esel!" Bimmelchen war ganz gewiß keine feine Dame.

KAPITEL 4

Die Flucht

Es war wunderschön hell im Kinderzimmer, denn Wendy hatte, um Peters Schatten annähen zu können, natürlich das Licht wieder angezündet. Behaglich saßen die beiden in dem großen Lehnstuhl und Wendy fragte Peter, warum er eigentlich so gerne gerade an ihr Fenster käme. Natürlich meinte sie , er käme sie zu besuchen oder damit sie ihm etwas annähe oder flicke. Doch da war sie gewaltig im Irrtum. Obwohl Peter sehen konnte, wie er Wendy enttäuschte, antwortete er, er komme nur, um die Geschichten anzuhören, die Mutter Liebling ihren Kindern vor dem Einschlafen erzähle. Peter war sehr offen, aber auch sehr herzlos.

He said, 'You see, I don't know any stories. No more do any of the Lost Boys. Nobody ever told us any.'

Wendy thought that was perfectly awful. Peter went on: 'So I come here to pick up any odds and ends of stories I can. The bother is, I never hear them right through to the end. Oh, Wendy, your mother was telling you such a beautiful story last time I came.'

'What was it about?'

'About a prince who couldn't find a lady who wore a glass slipper.'

'Oh, Peter!' said Wendy, quite excited, 'that was the story of Cinderella! And the prince did find her in the end, and they lived happy ever after.'

Peter was very pleased to hear this. He jumped up and rushed to the window. Wendy cried, 'Wherever are you going?'

'Why, to tell the other boys.'

'Oh, no, Peter, don't go yet!' said Wendy. 'I know lots of other stories. Oh, what heaps of stories I could tell you!'

Peter came back, with a greedy look in his eyes. 'Come along!' he ordered. He gripped hold of Wendy and began pulling her towards the window.

'Let me go!' said Wendy, wriggling.

„Weißt Du, ich kenne gar keine Märchen, und die Verlorenen Buben auch nicht, es hat uns auch nie jemand welche erzählt."

Wendy fand dies einfach schrecklich. Peter fuhr fort: „So komme ich immer hierher und schnappe jedes Märchen auf, das ich erwischen kann. Es ist nur schade, daß ich sie nie ganz zu Ende höre. Ach, Wendy, Eure Mutter erzählte Euch ein so wunderschönes Märchen, als ich das letzte Mal hier war."

„Welches?"

„Das von dem Prinzen, der die Prinzessin mit dem Glaspantöffelchen nicht finden konnte."

„Ja, Peter, das war das Märchen vom Aschenbrödel. Der Prinz fand sie am Ende doch und danach lebten sie glücklich und zufrieden."

Peter war hocherfreut, das zu hören. Er sprang auf und eilte zum Fenster. „Wohin willst Du?" rief Wendy ihm nach.

„Ich will es den anderen Buben erzählen."

„Ach nein, Peter, geh doch noch nicht!" bettelte Wendy. „Ich weiß noch eine ganze Menge Märchen. Wieviele könnte ich Euch erzählen."

Peter kam zurück mit verlangenden Augen. „Komm mit!" Er faßte sie an der Hand und wollte sie zum Fenster zerren.

„Laß mich los!" sträubte sich Wendy.

'But I want you to come back with me and tell us stories. You could be a sort of mother for us,' said Peter.

Wendy was pleased at being asked; but she replied: 'Oh, but I can't. Whatever would Mummy say? And I can't fly, either.'

'I'll teach you,' said Peter. 'We just jump on the back of the wind, that's all; and away we go.'

'Oooh, how lovely!'

'And you could go on flying about among the stars with me, instead of being asleep on a silly bed. Such fun! And when we get to the Never-Land, there are mermaids, and fairies, and –' Peter was going to say pirates, but he thought it better not to mention them. He had an idea that girls were easily frightened. So he went on: 'Yes, Wendy, and you could tuck us in at night, the way your mother does; and darn our stockings; and tell us all the stories we have never heard. Oh, it would be splendid!'

'Oooh,' said Wendy, ' Yes, of course it would be splendid. But would you teach Michael and John to fly, so that they could come too?'

„Aber ich will, daß Du mit mir gehst und uns Märchen erzählst. Du könntest uns eine Art Mutter sein."

Das hörte Wendy zwar gerne, aber sie antwortete: „Ich kann nicht. Was würde Mamma sagen. Ich kann ja auch nicht fliegen!"

„Ich bring Dir's schon bei. Wir springen dem Wind einfach auf den Rücken und fort geht's. Das ist alles!"

„Oh wie fein!"

„Du könntest mit mir zwischen den Sternen herumfliegen, anstatt in einem so blöden Bett zu liegen. Wenn wir zum Nirgendsland kommen, finden wir Meerjungfern und Elfen und..." Beinahe hätte er Piraten gesagt, doch hielt er es für besser, davon nicht zu reden. Er hatte so eine Ahnung, daß Mädchen leicht Angst bekommen. Drum fuhr er fort: „Ja, Wendy, Du könntest uns zu Bett bringen, wie Deine Mutter mit Euch es macht, Du könntest uns unsere Strümpfe stopfen und uns all die vielen vielen Märchen erzählen, die wir noch nicht kennen. Es wäre einfach himmlisch!"

„Natürlich wäre das großartig. Aber willst Du nicht Hans und Michel das auch beibringen, daß sie gleich mitkommen können?"

'If you like,' said Peter, who didn't care about Michael and John. So Wendy shook her brothers and woke them up. 'Peter Pan is here,' she cried, 'and he is going to teach us to fly!'

The two boys were wide-awake in a moment; but Peter made a sign to them to be silent. John cried: 'Turn out the light!' They listened in the dark; there wasn't a sound to be heard. Even Nana, who had been barking miserably all evening, was quite quiet now. But Peter, whose ears were very sharp, heard footsteps in the distance.

It was like this. Nana's barking had so much annoyed the little maid Liza, who was mixing Christmas puddings in the kitchen, that she got muddled between the suet and the sugar, and the raisins and the currants, and put too much of one thing and too little of another. At last she became very cross, and she fetched Nana indoors and took her upstairs to the nursery. 'There, you silly!' she said to Nana. 'You see there's nothing at all to bark about. They are all breathing sweetly in their beds.' But Liza little knew that the sweet breathing was behind the window-curtains, where the three children and Peter were hiding.

'Now then, Nana, no more of this nonsense!' said Liza severely. 'If you bark any more, I shall

„Hm, wenn Du willst." Peter war an Hans und Michel nicht viel gelegen. Rasch schüttelte Wendy ihre Brüder wach: „Peter Pan ist da und will uns das Fliegen beibringen!" Im Nu waren die beiden glockenwach. Doch Peter machte ihnen ein Zeichen, ruhig zu sein. Hans rief: „Licht aus." Sie lauschten alle im Dunkel.

Kein Laut war zu hören, sogar Nana, die den ganzen Abend jämmerlich gebellt hatte, war still. Da vernahmen Peters scharfe Ohren Schritte in der Ferne. Das kam so: Nana's dauerndes Bellen hatte das kleine Stubenmädchen Liesel, das in der Küche eben den Weihnachtspudding anrichtete, so verwirrt, daß sie alles durcheinander brachte, Talg und Zucker, Rosinen und Korinthen. Sie nahm vom einen zuviel und vom anderen zu wenig; schließlich wurde es ihr zu bunt. Sie holte Nana herein und führte sie ins Schlafzimmer der Kinder: „Da schau, Du dummes Vieh! Du hast gar keinen Grund zu bellen. Sie liegen alle brav in ihrem Bett." Liesel wußte natürlich nicht, daß die „Braven" sich mit Peter hinter den Vorhängen versteckt hielten.

„So, Nana, und jetzt keinen solchen Unsinn mehr!" schalt Liesel den Hund. „Wenn Du wieder bellst, geh' ich und hole Herrchen und

go and fetch master and missus from the party; and then you'll catch it!' She took Nana away.

'That's all right,' said John, coming out from the window- curtains. 'I say, Peter, how do you fly?' Peter flew gracefully round the room to show how easy it was. 'How topping!' cried the boys. 'How sweet!' said Wendy.

'Yes, I am sweet!' said Peter in his conceited way. They tried to imitate him, but they couldn't fly a bit, until Peter blew some fairy dust on each of them. He told them, 'All you do is to think lovely, wonderful thoughts, and wriggle your shoulders, and let go.'

They found the lovely, wonderful thoughts rather a bother – you can't think any, all of a sudden, like that – but they wriggled and let go, and the fairy dust did the rest. In half a minute the three little Darlings were fluttering round and round the room, with their heads bobbing against the ceiling. It was glorious! And when John found he really could fly, and that there were pirates in the Never-Land, he made up his mind he must see them. There was no time to lose. He seized his Sunday hat – it looked rather

Frauchen und dann kriegst Du was." Sie führte ihn wieder hinaus.

„Gott sei Dank" sagte Hans und kam hinter dem Vorhang hervor. „Hör, Peter, wie fliegst Du eigentlich?" Peter flog anmutig im Zimmer umher, um zu zeigen, wie leicht es sei.

„Pfundig" riefen die Buben.

„Entzückend" sagte Wendy.

„Ja, ich bin entzückend", sagte Peter in seiner eingebildeten Art. Sie versuchten alle, ihn nachzuahmen, aber keinen Millimeter erhoben sie sich vom Boden, bis Peter ein wenig Elfenstaub auf sie blies. Er sagte ihnen: „Alles, was Ihr zu tun habt, ist schöne und gute Gedanken zu haben und Eure Schultern ein wenig hin und her zu drehen."

Immer schöne und gute Gedanken zu haben, fanden sie sehr lästig. Man kann sie einfach nicht so plötzlich haben. Aber sie drehten fleißig die Schultern hin und her und der Elfenstaub tat das übrige. In einer halben Minute flatterten die drei kleinen Lieblinge im Zimmer umher und bumsten mit den Köpfen an die Decke, daß es eine Pracht war. Als Hans auch noch herausfand, daß er nun richtig fliegen konnte und es im Nirgendsland Piraten gab, beschloß er, sie sofort aufzusuchen. Es war keine Zeit mehr zu verlieren. Er ergriff seinen Sonn-

funny along with night-clothes! – and cried, 'Let's be off at once!'

'Yes, let's!' cried everybody else.

The stars, who were watching and waiting to see what would happen, immediately blew the window open.

Meanwhile, it was about ten minutes since Nana had been fastened up in the yard. She was sure there was something wrong in the nursery – she could feel that her dear little charges were in danger, and yet what could she do? It was no good barking; that was quite plain. So she went on pulling and straining at her chain with all her might and main. And at last it broke.

Mr. and Mrs. Darling were horrified to see her bursting in to where they were at the party, dragging her broken chain and throwing up her paws. They left No.27 in a fright, and followed Nana into the street.

Just fancy how startled and shocked they were when they looked up at their own nursery window, and saw that the room was full of light, and that there were three - no, four - shadows on the curtain, shadows of little figures flying round and round, up and down, to an fro. Yes flying! Goodness me! Were they dreaming, or what? They were trembling with

tagshut – das sah freilich mit dem Schlafanzug zusammen komisch genug aus – und rief: „Wir wollen gleich fort!"

„Ja, ja," riefen auch die andern. Die Sterne, die neugierig gewartet hatten, was geschehen würde, bliesen eiligst die Fenster auf.

Es waren etwa zehn Minuten vergangen, seit Nana wieder im Hofe angebunden war. Nana wußte ganz bestimmt, daß im Schlafzimmer der Kinder etwas nicht in Ordnung sei. Sie roch es förmlich, daß ihre lieben kleinen Schützlinge in Gefahr waren. Was sollte sie tun, bellen half nichts, das war klar. Da begann sie mit aller Kraft an ihrer Kette zu zerren, so lange, bis sie brach.

Herr und Frau Liebling erschraken sehr, als Nana in ihre Gesellschaft hereinplatzte, die zerrissene Kette hinter sich herschleppend, und warnend die Vorderpfoten erhob. Voll Angst und Bangen verließen sie das Haus Nummer 27 und folgten Nana auf die Straße.

Ihr könnt Euch vorstellen, wie sie erschraken, als sie das Fenster des Kinderschlafzimmers hell erleuchtet sahen und hinter dem Vorhand die Schatten von drei, nein, von vier kleinen Gestalten, die auf- und niederflogen, ja, die flogen! Du meine Güte! Träumten sie oder was war los! Sie zitterten vor Furcht, als sie die

fear as they opened the street door, and ran upstairs as softly as possible. They might perhaps have been in time if they had gone faster. Perhaps – but I don't think so.

And as they reached the nursery door Nana gave a great sad howl. For she could hear things better than Mr. and Mrs. Darling. And somehow she knew that the window had opened just that minute, and four little people had gone flying out into the night.

Tinker Bell made five, of course; but we will not count her, because she was so small and so disagreeable.

Haustüre öffneten und so leise als möglich die Treppe hinaufeilten. Vielleicht hätten sie noch zurecht kommen können, wenn sie etwas schneller gewesen wären, vielleicht, aber ich glaube es nicht.

Als sie die Kinderzimmertür erreichten, jaulte Nana traurig auf. Sie konnte die Dinge besser hören als Herr und Frau Liebling und irgendwie wußte sie, daß in dieser Sekunde das Fenster aufgeflogen war und vier kleine Leutchen in die Nacht hinausschwebten. Mit Bimmelchen waren es eigentlich fünf, ich weiß, aber wir wollen Bimmelchen lieber nicht zählen, da sie so klein und unerfreulich war.

CHAPTER FIVE

The fly-by-nights

The way to the Never-Land was very much longer than Wendy, John, and Michael had ever thought. Peter, who said anything that came handy, had made Wendy believe it was as easy as anything to get there: just 'second to the right, and straight on till morning.'

Well, it may have been 'second to the right,' but it certainly wasn't straight on after that. Peter took the children such a roundabout way, and stopped so often to look at things, that a lot of time was lost soon after they started.

Of course it was great fun to be really flying, to be able to go round church steeples or high chimneys, just as if one were a swallow. But it's rather shivery in nighties. And when there had been darks and lights, and days and nights, and seas and lands, without getting anywhere in particular, the little Darlings very nearly wished they hadn't come.

They were so hungry, but there was nothing to eat; and they were so sleepy, but there was no nice bed to snuggle into. They couldn't help shutting their eyes sometimes as they flew;

KAPITEL 5

Die Nachtvögel

Der Weg ins Nirgendsland war sehr viel weiter, als die Drei je gedacht hatten. Peter, der ja immer sagte, was ihm gerade einfiel, hatte Wendy glauben lassen, es sei kinderleicht, dorthin zu kommen: Nur zweimal rechts um die Ecke und dann immer geradeaus gen Morgen.

Mag ja sein, daß es zweimal rechts um die Ecke ging, aber dann ging es ganz bestimmt nicht geradeaus, denn Peter führte die Kinder solche Umwege und hielt so oft an, um etwas zu betrachten, daß sie eine Menge Zeit verloren. Natürlich war es ein Mordsspaß, richtig zu fliegen, um Kirchtürme und hohe Schornsteine zu segeln, gerade als ob man ein Schwälblein wäre. Aber es friert einen doch ziemlich in solch einem leichten Schlafanzug. Und als es hell wurde und wieder dunkel, und Tag und Nacht und Meere und Länder unter ihnen wegzogen, da wünschten die kleinen Lieblinge doch beinahe, sie wären nicht mitgekommen. Sie waren ja so hungrig. Aber nirgends gab es etwas zu essen. Sie waren auch sehr müde, doch

and if they shut their eyes, they dropped down at once – generally over the sea. This happened rather often to Michael, because he was the youngest and the sleepiest. He would go falling like a stone toward the water; and Wendy would cry, 'Save him! Save him!' and just as he was almost in the sea, Peter would dive down and catch him. Not because he was sorry for Michael, but just to show how clever he was. Peter thought it was all great fun, watching the children fluttering along while he shot up to the stars and down to the waves, and showed-off all the cleverness he knew.

Sometimes he went out of sight for quite a long while, and they had to fly without a guide as best they could. And when he did come back, he had nearly forgotten who they were, and indeed Wendy had once to tell him her name. It was rather lonely, being left alone in the air like this; and they kept on bumping up against clouds.

But nobody liked to say anything to blame Peter: because, if he were to get cross with them, and perhaps fly away, how would they reach the Never-Land at all?

nirgends lockte ein sauberes Bettchen, in das man sich hätte hineinkuscheln können.

Manchmal fielen ihnen einfach die Augen zu, während sie flogen, und dann stürzten sie sofort hinab zum Meer. Besonders Michel widerfuhr das oft. Er war ja auch der jüngste und ihn strengte es am meisten an. Oft sauste er zum Meer hinab wie ein Stein. Dann schrie Wendy: „Peter, rette ihn! Rette ihn!" Und wenn Michel schon beinahe den Meeresspiegel berührte, schoß Peter hinab und fing ihn gerade noch auf. Nicht, daß ihm Michel etwa leid getan hätte. Peter wollte nur zeigen, wie gewandt er war. Er hielt es für ein köstliches Schauspiel den Kindern zuzusehen, wie sie so dahinflatterten, während er selbst zu den Sternen emporschoß und wieder hinab zu den Wellen und seine ganze Gewandtheit spielen ließ.

Manchmal war er lange ganz außer Sicht und sie mußten völlig führerlos weiterfliegen, so gut es eben ging. Wenn er zurückkam, hatte er fast vergessen, wer sie überhaupt waren; ja, einmal mußte ihm Wendy sogar ihren Namen wiederholen. Man fühlt sich sehr einsam da droben, wenn man keinen Führer mehr hat. Dabei stießen sie dauernd an Wolken an. Aber niemand wagte es, etwas zu sagen oder gar gegen Peter zu schimpfen, denn wenn er eine Wut

Still, you may be sure they were very, very glad when, on evening, after they had been flying ever so long, Peter suddenly said, 'There it is!'

'Where, where?'

'Where all the arrows are pointing.'

The arrows were the rays of the setting sun. They lit up the whole Island. The children knew it at once. They felt as if they had come back home there to a happy, friendly place. For they could see all the different things they had made-believe about. The lagoon was there, and John's flamingo, and Michael's cave, and Wendy's wolf. Indeed, the children seemed to know as much about the Island as Peter did: there was nothing he could tell them. This rather annoyed him.

But just as they were joyfully calling out to each other, 'There's my boat!' 'There's the Redskin camp!' 'Look at the turtles!' and so on – the sun sank. The Never-Land grew dark: it grew darker every moment. It didn't look happy or friendly any longer. And the children

auf sie bekam, wie sollten sie allein das Nirgendsland finden. Ihr dürft sicher sein, daß sie darum überglücklich waren, als Peter eines Abends, nachdem sie so lange geflogen waren, plötzlich ausrief: „Dort ist es!“

„Wo, wo?“

„Wo all die Pfeile dort hindeuten.“

Die Pfeile aber waren die Strahlen der untergehenden Sonne. Wunderbar ließen sie die ganze Insel aufleuchten. Sofort hatten die Kinder das Nirgendsland erkannt. Es war, als ob sie zu einer glückseligen und freundlichen Heimat zurückkehrten nach langer Abwesenheit. Sie konnten all die verschiedenen Dinge sehen, die sie sich immer schon vorgestellt hatten: Die Lagune war da und Hansens Flamingo. Michels Höhle und Wendy's Wolf. Ja, die Kinder schienen über die Insel ebensoviel zu wissen wie Peter. Er hätte ihnen gar nichts erzählen können, was ihnen neu gewesen wäre. Das mopste ihn gewaltig.

Aber gerade, als sie einander voller Freude zuriefen: „Da ist ja mein Boot! ... Da ist das Lager der Rothäute! ... Da sind die Tauben!“ und so weiter, --- da versank die Sonne. Das Nirgendsland wurde dunkler und immer dunkler. Es sah jetzt gar nicht mehr so glücklich und freundlich aus. Die Kinder begannen sich zu

felt frightened: anybody would be, who was used to going to sleep with night-lights. For there were no night-lights here, no nursery, no Nana – no dear, delightful Mrs. Darling. There were only themselves and Peter – who might very likely leave them in the dark, just for fun.

They were flying over the Island now, so low that sometimes their feet touched the tree-tops. They kept as close to Peter as they could. And the horrid part was, they felt as if somebody or something was trying to stop them, so that they had to push their way, yet there was nothing to be seen. Peter, who seemed very gay and cheerful, said: 'They don't want us to land.' Who could 'they' be?

By and by he wanted to know which they would rather have first – an adventure, or tea? Wendy and Michael wanted tea; but John thought he would like the adventure, until he found what sort of adventure it was. Peter said there was a pirate asleep in the grass just beneath them; and if John liked, they could go down and kill him.

John, however, could not see the pirate, and thought it would be best to have tea first. He asked: 'Are there many pirates on the Island now?'

fürchten. Jeder hätte sich gefürchtet, der es gewohnt war, mit einem Nachtlichtchen schlafen zu gehen. Aber da gab es keine Nachtlichter, kein Schlafzimmer und keine liebe gute Mamma Liebling. Sie waren ganz alleine mit Peter, dem es vielleicht einfiel, sie zum Jux in der Dunkelheit zu verlassen. Sie flogen jetzt so dicht über der Insel, daß ihre Fußsohlen manchmal die Baumwipfel streiften. Und sie hielten sich so eng an Peter wie nur möglich. Auf einmal hatten sie das fürchterliche Gefühl, daß jemand oder etwas versuchte, sie aufzuhalten, so daß sie sich ihren Weg mit Gewalt erkämpfen mußten. Zu sehen war freilich nichts. Peter schien sehr munter und guter Dinge: „Sie wollen uns nicht landen lassen!" Wer mochten diese „sie" nur sein? Nach einiger Zeit fragte Peter, was sie zuerst lieber hätten, ein Abenteuer oder Tee. Wendy und Michel waren für Tee, doch Hans meinte, er ziehe ein Abenteuer vor, bis er herausfand, welcher Art das Abenteuer war: Peter sagte, da unten im Grase schlafe ein Pirat und wenn Hans wolle, könne Hans hinunter und ihn totschlagen. Hans konnte jedoch den Piraten nicht sehen und hielt es darum für das beste, erst mal einen Tee zu trinken.

„Gibt es denn viele Piraten auf der Insel?"

'Never known so many,' said Peter.

'Who is their captain?'

Peter looked very grave and stern as he answered with one word:

'Hook'

'Not Jas. Hook?'

'Yes'

This was dreadful. Michael began to cry, and John had a nasty dry feeling in his throat. For they had heard of Jas. Hook. Even in the peacefulness of their nursery, and the quiet of the Kindergarten, the name of Hook made people very uneasy. There was no pirate, alive or dead, quite so terrible as Hook. And now they were, as you may say, nearly face to face with him! He was the last man they had ever expected to meet.

'What is he like?' said John, with a gulp. 'Is he big?'

'Not so big as he was.'

'How do you mean?'

'I cut off a bit of him.'

'You!'

'Yes, me,' said Peter, rather snappishly.

'I didn't mean to be rude,' said John.

'Oh, all right.'

'But what bit did you cut off?'

„Oh ja, Tausende und Abertausende!"

„Wer ist ihr Kapitän?"

Peter runzelte die Stirn und antwortete mit einem einzigen Wort: „Kralle".

„Doch nicht etwa Kaspar Kralle?"

„Doch!"

Das war fürchterlich. Michel begann zu weinen und Hans hatte ein ganz abscheuliches Würgen im Hals. Sie hatten von Kaspar Kralle schon genug gehört. Sogar im Frieden ihres Kindergartens und in der Stille ihres Kinderzimmers jagte der Name Kaspar Kralle's den Leuten Schrecken ein. Es gab und gibt keinen Piraten, der so schrecklich wie Kaspar Kralle wäre. Und hier standen sie ihm sozusagen Aug' in Aug' gegenüber. Ihn hatten sie zu allerletzt auf der Insel erwartet.

„Wie ist er?" fragte Hans und schluckte dabei heftig.

„Ist er groß?"

„Nicht so groß, wie er schon war!"

„Wie meinst Du das?"

„Ich hieb ein Stück von ihm ab."

„Du?"

„Ja, ich" sagte Peter kurz.

„Ich wollte Dich nicht kränken, Peter!"

„Schon gut!"

„Aber was hast Du ihm denn abgehauen?"

'His left hand.'

John cheered up on hearing this, and said: 'Then he can't fight now?'

Peter replied: 'Oh, can't he just? He has an iron hook now instead of a hand, and he claws with it.'

Everybody turned pale.

'Now, John, look here.'

'Yes.'

'Say, 'Aye, aye sir!'' said Peter sharply.

John was feeling so serious about Hook that he said, 'Aye, aye sir,' as meek as a mouse.

'Every boy who serves under me,' said Peter, 'has got to promise one thing. So must you. It's this. If we meet Hook in open fight, you must leave him to me. Don't go at him yourself.'

'Aye, aye, sir,' said John; 'I promise.'

Meanwhile, Tinker Bell was lighting their way quite nicely, by going round and round them as they flew. They could not see much of the Island below them, but they could see Peter and each other.

Peter stopped every minute or two and listened (he could poise in the air like a bird), staring down through the darkness. Then he

„Seine linke Hand!"

Hans atmete erleichtert auf, als er das hörte: „Dann kann er jetzt wohl nicht mehr kämpfen?"

„Oho" rief Peter, „warum nicht, statt der Hand hat er jetzt einen eisernen Haken, und damit krallt er einen." Alle wurden bleich.

„Nun, Hans, hör her."

„Ja."

„Du mußt jetzt sagen: Jawohl, mein Herr!" sagte Peter scharf.

Der Gedanke an Kralle bedrückte Hans so, daß er demütig wie ein Mäuslein piepste: „Jawohl, mein Herr."

„Jeder Bub, der unter meinem Kommando steht, muß mir eines versprechen. Du mußt es auch, und das ist Folgendes: Wenn wir Kralle in einer offenen Schlacht treffen, mußt Du ihn mir überlassen. Greife ihn ja nicht selbst an."

„Jawohl, mein Herr, ich verspreche es!"

Währenddessen leuchtete ihnen Bimmelchen, indem sie immer um sie herumschwebte. Sie konnten nicht viel von der Insel erkennen, aber wenigstens sahen sie sich gegenseitig.

Immer wieder hielt Peter an, um zu horchen und in das Dunkel hinunterzustarren. – Er konnte in der Luft verharren wie ein Raubvo-

would go on again, without explaining anything. This made the children rather uneasy, but they thought he must know what he was about.

By and by he suddenly said: 'Tink tells me the pirates sighted us before it was dark.'

'Oh, dear!'

'And they have got out their big gun, Long Tom. They can see Tink's light, of course; and they are likely to let fly, because they know we must be near it.'

'Oh, Wendy!'

'Oh, John!'

'Oh, Michael!'

'Oh, Peter!' they all three cried, 'do tell her to go away!'

Peter replied that he certainly should not. 'She is frightened,' he said; 'she thinks we have lost the way.'

Wendy said: 'Then tell her to put her light out.'

'She can't. It never goes out unless she's asleep.'

John cried: 'Then tell her to go to sleep.'

'She can't. A fairy can't sleep unless she's sleepy.'

This made things very difficult.

'If only one of us had a pocket to carry her in,'

gel. Dann flog er weiter ohne Erklärung. Das machte die Kinder sehr unruhig, aber sie dachten, er werde schon wissen, wozu er das tat. Nach einiger Zeit sagte er plötzlich: „Bimmelchen sagt mir eben, die Piraten hätten uns erblickt, ehe es ganz dunkel wurde."

„Oh Gott!"

„Sie haben ihre große Kanone herausgezogen, den langen Tom. Natürlich können sie Bimmelchens Licht sehen und werden bald darauf schießen, weil sie wissen, daß wir in der Nähe sein müssen."

Ach Wendy! Ach Hans! Ach Michel! „Ach Peter!" riefen die drei, „schick doch Bimmelchen weg!"

Peter erwiderte, das werde er nicht tun. „Sie fürchtet sich, auch glaubt sie, wir hätten uns verirrt."

„Dann sag ihr, sie soll ihr Licht auslöschen," bat Wendy.

„Das kann sie nicht, es geht nur aus, wenn sie schläft."

„Dann soll sie einschlafen!" rief Hans.

„Das kann sie auch nicht, eine Elfe kann nur schlafen, wenn sie müde ist."

Das machte die Lage verteufelt schwierig.

„Wenn nur eines von uns eine Tasche hätte, um sie hineinzustecken!" sagte Peter. Aber

said Peter. But nobody had. Pockets are very seldom put in nighties, and never in skeleton leaves, like Peter's suit. Then Peter remembered John's top hat. Tink did not object to being put into that. So it was first carried by John, and afterwards by Wendy. And Tink's light was so completely hidden, nobody could have known she was there.

It was very dark without her, though. And everything was so still (except for a few queer sounds which could well have been done without), that the children found it darker and lonelier than ever. They went on flying through the silent night; and at last Michael whimpered that he didn't like it being so lonely. He said; 'If only something would make some noise!'

It did. There was a most enormous bang which echoed like a roaring lion all around them. The pirates had fired Long Tom, on the chance of hitting Peter or someone. And this explosion did a lot of harm, for it scattered all the children away from each other. John and Michael found themselves all alone: Peter was blown out to sea; Wendy was blown upwards, carrying Tinker Bell in the hat.

niemand hatte Taschen. Man macht nur sehr selten Taschen in Nachtgewänder und nie in einen Blätteranzug, wie Peter einen trug. Da erinnerte sich Peter an Hansens Zylinder. Bimmelchen hatte nichts dagegen, da hineingesteckt zu werden. So wurde der Zylinder zuerst von Hans, und dann von Wendy getragen. Bimmelchens Licht war so vollständig verdeckt, daß niemand mehr etwas von ihr merkte.

Doch war es nun sehr dunkel geworden ohne ihr Licht und es war so still, daß die Nacht den Kindern im Weiterfliegen immer schwärzer und einsamer erschien. Schließlich fing Michel an, leise zu wimmern: Er hätte es nicht gern, wenn es so still sei, wenn nur irgend etwas ein wenig Lärm machen würde.

Sein Wunsch ging sofort in Erfüllung. Ein gewaltiger Knall erschütterte die Luft und rollte wie Donner über die Insel hin. Die Piraten hatten den langen Tom abgefeuert in der Hoffnung, Peter oder sonst jemanden zu treffen. Der Schuß richtete auch großes Unheil an: Er blies die Kinder nach allen Richtungen auseinander. Hans und Michel fanden sich ganz allein, Peter wurde auf die hohe See hinausgeweht und Wendy hoch hoch zwischen die Sterne emporgeschleudert. Sie trug gerade Bimmelchen im Hut.

It was a pity Wendy did not drop the hat. For Tink, who hated her, at once came out of it, and tried to get rid of Wendy. Tink could only be one thing at a time, either all bad or all good. Just at present she was all bad. She tinkled most beautifully at Wendy as she flew to and fro. Wendy, who was so kind herself that she never dreamed of anybody wanting to hurt her, thought that Tink was offering to show her the way. 'Peter!'cried Wendy. 'John! Michael! Where ever are you? Do answer!' but everything was silent.

There was only Tinker Bell to help her. So she followed that deceitful tinkle.

Leider ließ sie den Hut nicht fallen. Bimmelchen, die sie haßte, kam sofort heraus, um sich ihrer zu entledigen. Sie konnte immer nur eines sein, entweder ganz böse oder wirklich ganz gut. Jetzt war sie also böse. Sie klingelte wunderschön, und Wendy war ja so herzensgut, daß sie nicht im Traum daran dachte, jemand könne sie verderben wollen. So glaubte sie, Bimmelchen biete sich an, ihr den Weg zu zeigen.

„Peter!" rief sie laut, „Hans! Michel! Wo seid Ihr denn? Gebt doch Antwort!" Aber alles blieb still. Die kleine Elfe war die einzige, die ihr helfen konnte. So folgte Wendy ihrem trügerischen Geklingel.

CHAPTER SIX

The Never-Land

The people of the Never-Land had a feeling that Peter would soon be home again. So they began to wake up and get ready for him, so that when he came he might find them all very busy.

You see, while he was away, they always kept quiet. Nobody bothered to fight anybody else. But Peter liked things to be exciting; so now things had to be made exciting as fast as possible.

There were six sorts of people who lived in the Island. (I) The Fairies – mostly high up in nests, in tall tree-tops. (2) The Mermaids, in the lagoon – most deep down under water. (3) The Wild Beasts – whose dens were in the woods and mountains. (4) The Redskins–Indians who camped anywhere they chose. (5) The Pirates–who returned every night to their brig 'The Jolly Roger.' (6) The Lost Boys – whose home, a

KAPITEL 6

Das Nirgendsland

Die Leute auf Nirgendsland hatten das deutliche Gefühl, daß Peter bald zurückkehren würde. So begannen sie aufzuwachen und sich für ihn zu rüsten, auf daß er sie alle tätig fände, wenn er kam. Daran könnt Ihr sehen, daß sie sich immer ruhig verhielten, sobald Peter fort war. Keiner nahm sich dann die Mühe, einen anderen zu bekämpfen. Aber Peter liebte es, wenn die Dinge aufregend waren, und darum mußte jetzt alles möglichst aufgeregt tun.

Es gab sechserlei Inselbewohner:

1. die Elfen, die ihre Nester hoch oben in den Baumwipfeln bauten,
2. die Meermädchen, die tief unten im Wasser hausten,
3. die Raubtiere, deren Höhlen weit in Wald und Gebirg zerstreut lagen,
4. die Rothäute, die sich immer da herumtrieben, wo es ihnen gerade gefiel,
5. die Piraten, die jede Nacht auf ihr Schiff, den „Bruder Lustig", zurückkehrten,

very nice one, was underground, as you will hear.

All these were enemies, except the Fairies and the Mermaids, who kept well out of the way. And in the evening, when Peter and the little Darlings got there, everybody was moving round and round the Island after each other, very fierce.

It was a great change from their peace and quiet. While Peter was away, the Redskins had been having a large greedy feast for six days and nights, the Wild Beasts had been attending to their young ones, and the Pirates and Lost Boys, if they happened to meet, merely bit their thumbs at each other and passed on.

But the Islanders could make themselves fierce all in a minute. And now they were moving on each other's track, slowly and silently. the Lost Boys were looking for Peter, their captain, whom they expected back every minute. The Pirates were looking for the Lost Boys. The Redskins were hunting the Pirates; and the Wild Beasts were prowling after the Redskins.

The Lost Boys, instead of being slim and graceful like Peter in his skeleton-leaf-suit, were dressed in the skins of bears, which they

6. die Verlorenen Buben, deren Heim wundernett unter der Erde lag, wie ihr noch hören werdet.

Sie alle waren einander feind, die Elfen ausgenommen und die Meermädchen. Die hielten sich fern. Am Abend, da Peter mit den kleinen Lieblings ankam, zog alles auf der Insel umher und verfolgte sich gegenseitig.

Es war ein großer Umschwung in ihrem Frieden und in ihrer Ruhe. Während Peter weg gewesen war, hatten die Rothäute sechs Tage und sechs Nächte lang ein großes Festessen veranstaltet. Die Raubtiere hatten ihre Jungen erzogen und die Piraten und die Verlorenen Buben hatten nur am Daumen gelutscht, wenn sie sich begegnet waren.

Aber von einer Minute auf die andere konnten die Inselleute wild werden. So spürte jetzt einer dem andern nach, langsam und schweigend. Die Verlorenen Buben hielten nach Peter Ausschau, ihrem Hauptmann, den sie jeden Augenblick zurückerwarteten. Die Piraten spürten den Verlorenen Buben nach, die Rothäute machten auf die Piraten Jagd, und die Raubtiere lauerten den Rothäuten auf.

Die Verlorenen Buben waren nicht so schlank wie Peter und auch nicht so hübsch in Blätter gekleidet. Sie trugen Felle von selbst er-

had killed. They were almost round, like balls of fur – indeed, they were so round that if they fell they rolled about. So they had to be careful not to fall. Each wore a dagger; and they crept along very softly, one by one, looking as if they were saying 'Hush!'

There were six of them. Tootles, who was kind and brave, but always unlucky; Nibs, a light-hearted boy; and Slightly, the most conceited of them all. Next came Curly, a regular pickle, and the Twins, who had no names, because they got lost before their mother had made up her mind what to call them. These Boys were quite unlike each other (except for the bearskins), but most of all they were unlike Peter. Indeed, Peter had forbidden them to look the least bit like him.

But directly the Lost Boys had gone on into the dark, there came a gang of ugly ruffians– the ugliest ever were seen. Before they were in sight, their horrid voices could be heard, bawling a verse of their favourite song. This was it –

legten Bären. Fast so rund wie Pelzbälle waren sie, ja, sie waren so dick, daß sie davongerollt wären, wenn sie umgefallen wären. So mußten sie sehr darauf achten, nicht umzufallen. Jeder trug Dolch und Pfeil und Bogen und mucksmäuschenstill schlichen sie daher, einer hinter dem anderen. Es sah aus, als ob sie immer „pst" sagen würden.

Es waren ihrer sechse: Doddele, der freundlich und brav war, aber immer und überall Pech hatte. Schwupp, ein sorgloser Bub, und Flüchtig, der eingebildetste von allen. Dann kam Kräusel, ein rechter Tunichtgut, und die Zwillinge, die keinen Namen hatten, weil sie verloren gingen, ehe sich ihre Mutter zu irgendeinem Namen für sie entschlossen hatte. Alle diese Buben glichen einander in gar nichts, außer in ihrem Fellanzug. Am allerwenigsten aber glichen sie Peter. Ja, Peter hatte ihnen sogar ausdrücklich verboten, ihm im geringsten gleich zu sehen.

Kaum waren die Verlorenen Buben ins Dunkel weitergezogen, tauchte eine Bande ganz schauderhafter Raufbolde auf, der schlimmsten, die je die Sonne beschien. Schon lange, ehe sie in Sicht kamen, konnte man ihre schrecklichen Stimmen hören. Sie gröhlten einen Vers ihres Lieblingsliedes:

'Avast belay, yo ho, heave to,
A-pirating we go,
And if we're parted by a shot,
We're sure to meet below!'

The most dreadful lot of Pirates they were. How many, I cannot say; but some of the worst of them were an Italian, named Cecco, and a huge man generally called the Blackamoor, because that's what he was; and Smee the bo'sun, and Gentleman Starkey, and Bill Jukes, and Skylights. They were all over scars and tattoo marks – with pistols, cutlasses, daggers, knives, muskets, and many other cutting and shooting things.

The Pirate Captain, Jas. Hook, lay smoking two cigars at once, in a sort of chariot which his men moved along. If they did not go quick enough, he frightened them by shaking his iron claw, or hook. They obeyed him as if they were dogs, because they were so afraid of being clawed. He was a strange-looking man, with long black curls and very polite manners. He had never been known to show any fear in his life – unless he caught sight of his own blood, which was a very ugly colour. But this hardly ever happened.

Spannt die Segel und zerrt sie hoch,
auf Seeraub ziehn wir heute noch.
Und wenn im Kampf fließt unser Blut,
sind wir der Hölle eben gut.
Hajo, ahoi!

Es war eine gräßliche Bande. Ich kann nicht sagen, wieviele es waren. Die Schlimmsten waren ein Italiener mit Namen Cecco und ein riesiger Kerl, den man Mohr nannte, weil er das auch war, und Stunk, der erste Maat, und Graf Dickkopf, Bill Jux und Oberluke. Sie waren voller Narben und Tätowierungen und starrten nur so von Pistolen, Gewehren, Entermessern, Dolchen, Stiletten und anderen Geräten zum Schießen und Stechen.

Der Piratenkapitän Kaspar Kralle aber lag, zwei Zigarren zugleich rauchend, in einer Art Sänfte, die seine Leute trugen. Wenn es ihm nicht schnell genug ging, drohte er mit seiner eisernen Kralle. Wie die Hunde gehorchten sie ihm, solche Angst hatten sie vor seinem Haken. Der Kapitän sah seltsam genug aus: Er trug lange schwarze Locken und war sehr höflich. Niemand konnte sich erinnern, daß er je in seinem Leben einmal Furcht gezeigt hätte, wenn er nicht gerade sein eigenes Blut zu Gesicht bekam, das eine scheußliche Farbe hatte. Doch das kam kaum einmal vor.

The Pirates passed, making their hideous noise; and a few minutes afterwards the Redskins followed. If you had not seen the Pirates first,you would have wanted to run away from the Redskins. They wore no clothes, but were well oiled all over, and their eyes glittered in the dark. Their chief was called Great Big Little Panther. He went in front, on all fours, so that he might look more like a panther; but as he, and the whole of his tribe, had just been stodging frightfully, he was feeling much too fat. The only person who had not overeaten was the beautiful princess, Tiger-Lily. She walked last of all, very proud and upright.

The Redskins stole out of sight, and very soon the Wild Beasts appeared, an enormous number of them–dreadful creatures with large teeth showing and red tongues hanging out. Lions, tigers, bears, and other big animals – and a lot of smaller beasts, all savage and all hungry.

When these had gone by, there was still one more to pass: it has not been mentioned before. It came, making curious noises as it crept along. It was a large, a very large Crocodile.

There was nobody after the Crocodile, because the Lost Boys did not know it was there. They appeared again presently, having

Die Piraten zogen mit einem Heidenlärm vorüber und wenige Minuten später folgten die Rothäute. Hätte man nicht schon vorher die Piraten gesehen, wäre man jetzt am liebsten davongelaufen. Die Roten trugen keine Kleider, den ganzen Körper hatten sie eingeölt und ihre Augen glitzerten im Dunkel. Der Häuptling „Mächtiges Pantherchen" marschierte an der Spitze, und zwar auf allen vieren, um noch pantherartiger zu erscheinen. Doch da er und sein ganzer Stamm sich fürchterlich vollgefressen hatte, war er entsetzlich dick. Die einzige, die sich nicht übergessen hatte, war die schöne Prinzessin Tigerlilie. Sie ging als letzte, aufrecht und stolz.

Die Rothäute schlichen davon und bald erschienen die Raubtiere in ungeheuren Massen, schreckenerregende Geschöpfe mit langen Zähnen und feuerroten, weit heraushängenden Zungen ..... Da kamen Löwen, Tiger, Bären und andere Großtiere und eine Menge kleinerer, und alle waren sie wild vor Hunger.

Als all das vorüber war, kam nochmal 'was. Es machte seltsame Geräusche, wie es so daherkroch, das urgewaltige Nirgendskrokodil.

Ihm stellte niemand nach und die Verlorenen Buben, die bald danach wieder auf dem Plan erschienen, wußten nicht einmal, daß es

gone right round the Island. They were tired, and lay down on the turf, which indeed was the roof of their underground home. And every one of them said: 'I do wish Peter would come back!' They meant, to keep the Pirates off.

Slightly said, in his conceited way: 'I am the only one who is not afraid of the Pirates!' But, directly after, he repeated that he wished Peter would come back.

The Lost Boys, who were feeling lonely, began to talk about their mothers. They could only do this when Peter was away, because he thought mothers were silly. However, the Lost Boys would have liked some mothers to look after them just then. And while they talked, there was a distant sound. They knew it much too well; it was the Pirate song, getting closer.

The Lost Boys disappeared at once – all except Nibs, who went to watch out for the Pirates. How did they hide so quickly? Why, close to where they lay were seven large hollow trees – a tree for each Boy and one for Peter. These were the secret stairs and doorways to

da war. Sie hatten die ganze Insel umwandert und müde legten sie sich auf den Rasen, der in Wirklichkeit das Dach ihrer Erdwohnung bildete. Und jeder von ihnen meinte: „Ich wäre froh, Peter käme heim...!" Um die Piraten fern zu halten, dachten sie heimlich. Nur Flüchtig sagte in seiner eingebildeten Art: „Ich allein habe keine Angst vor den Piraten!". Gleich danach aber wünschte auch er, Peter möge zurückkommen.

Die Verlorenen Buben fühlten sich sehr verlassen. Sie begannen, von ihren Müttern zu erzählen. Das konnten sie nur, wenn Peter weg war, denn er hielt alle Mütter für blöd. Jedenfalls hätten die Verlorenen Buben in diesem Augenblick viel darum gegeben, wenn einige Mütter sich ihrer angenommen hätten. Und während sie noch sprachen, hörten sie in der Ferne ein Geräusch, das ihnen nur zu gut bekannt war. Das Piratenlied.

Mit einem Schlag waren die Verlorenen Buben verschwunden, alle außer Schwupp, der auf die Piraten achtgeben sollte. Doch wie konnten sie sich so rasch verstecken? Ganz einfach! Nahe der Stelle, wo sie gelegen hatten, standen sieben hohle Bäume, für jeden Buben einer, und einer für Peter. Das waren die heimlichen Treppen und Zugänge zu ihrer prächti-

the delightful home under the ground. Hook had no notion where to find it. But now here was Hook himself, the moment after, with his horrible Pirate crew. They caught sight of Nibs scuttling among the trees, and Hook sent them to search for the other Boys. He was left alone with is bos'n, Smee; and he began to tell Smee the story of his life. Smee did not understand it in the least; but Hook went on speaking.

'Most of all,' said Hook, 'I hate Peter Pan. It was he who cut off my arm and threw it to a Crocodile. And the Crocodile liked my arm so much, Smee, that it has followed me everywhere since, wanting the rest of me!'

'I have often noticed,' said Smee, 'that you were oddly afraid of crocodiles.'

'Only that one Crocodile. It's waiting, I tell you, for the rest of me. And I'm waiting to get hold of Peter Pan!' As Hook spoke, he sat down upon a large mushroom. 'But listen, Smee, that Crocodile once swallowed a clock, and the clock goes tick, tick, tick inside it. So I can hear it coming along, and I have time to get away!'

gen Erdwohnung. Kralle hatte ja keine Ahnung, wo sie zu finden war. Doch da kommt er schon selbst mit seinem entsetzlichen Haufen. Sie sahen Schwupp sich zwischen den Bäumen herumdrücken und Kralle sandte seine Leute aus, nach den übrigen Buben zu suchen. Er blieb allein zurück mit seinem Bootsmann Stunk und fing an, diesem die Geschichte seines Lebens zu erzählen. Stunk verstand zwar rein nichts davon, aber Kralle erzählte unbekümmert weiter.

„Am allermeisten haße ich Peter Pan. Er war es, der mir den Arm abschlug und ihn dem Krokodil vorwarf. Ja, Stunk, und der Arm schmeckte dem Biest so gut, daß es mir seitdem auf Schritt und Tritt nachfolgt, weil es den Rest von mir auch will."

„Ich habe es schon oft gemerkt, daß Du eine seltsame Angst vor Krokodilen hast", antwortete Stunk.

„Nur vor diesem einen, ich versichere Dir, es wartet nur darauf, den Rest von mir zu bekommen, wie ich darauf warte, Peter Pan zu erwischen." Er setzte sich auf einen großen Pilz. „Doch höre, Stunk, dieses Krokodil hat einmal eine Uhr verschluckt. Die tickt jetzt dauernd in seinem Bauch, so kann ich es kommen hören und mich beizeiten aus dem Staub machen."

Smee answered that some day the clock must stop. 'And then,' said he, 'the Crocodile will get you.'

Hook was just saying that he knew that, when he suddenly jumped up. He cried: 'Why this mushroom is hot! I'm nearly burning!' And he and the bo'sun tried, very gingerly, to pull the mushroom up. It came up at once, for it had no root. There was a hole where it had been; and smoke came out of the hole. No wonder Hook felt hot! The mushroom was the stopper of the Lost Boys' chimney. And the two Pirates could hear the Lost Boys chattering gaily down below.

The home under the ground had been found at last! And soon Hook noticed the seven hollow trees. He stood thinking for a long time, making a plan to trap the Lost Boys, while Peter was away. He told Smee what it was – like this:

'We will go back to the ship and cook a large rich cake, with green sugar on it. We will leave the cake on the shore of the Mermaids' Lagoon. And when the Boys come to play with the Mermaids, they will find it. They have no mother, so they don't know it is dangerous to

Stunk antwortete, eines Tages aber müsse die Uhr doch zu ticken aufhören. „Und dann", fügte er hinzu, „wird das Krokodil Dich sicher kriegen."

Kralle wollte eben sagen, er wisse das, als er plötzlich aufsprang und schrie: „Zum Teufel, ist der Pilz aber heiß, ich brenne ja schon beinahe!" Er und Stunk versuchten nun ganz sachte, den Pilz herauszuziehen. Es ging auch ganz leicht, denn er hatte gar keine Wurzeln. Er stak in einem Loch, aus dem jetzt Rauch herausquoll. Kein Wunder, daß es Kralle heiß geworden war, es war der Rauchfang zur Küche der Verlorenen Buben. Die beiden Piraten hörten die Buben drunten fröhlich schwatzen.

Das Heim unter der Erde war endlich gefunden! Bald entdeckte Kralle auch die hohlen Bäume. Eine Weile stand er überlegend da und schmiedete einen Plan, wie er die Buben während Peters Abwesenheit in eine Falle locken könnte. Schließlich sprach er zu Stunk: „Wir gehen jetzt auf's Schiff zurück und backen einen großen Kuchen mit grünem Zucker darauf. Den wollen wir am Strand der Meermädchenlagune niederlegen. Und wenn die Buben kommen, um mit den Meermädchen zu spielen, werden sie ihn finden. Sie haben keine Mutter, wissen also nicht, daß es gefährlich ist,

eat rich, damp cake. And so they will gobble it up, and they will die! Ha! ha! ha!'

Hook and Smee laughed and danced with joy at the thought of this wicked plan. And they began to sing the Pirates' song; but they heard a little wee sound – they stopped to listen. Yes, it certainly was–

Tick, tick, tick, tick!

It was the Crocodile.

Hook ran away in a terrible fright. Smee was not so frightened, because the Crocodile was not coming after him. But he ran away too.

The Lost Boys, little thinking that their enemies had been listening down their chimney, came up into the open air again. Nibs was not there, but directly afterwards he rushed up to them.

A pack of wolves was close behind, baying and hanging out their tongues at Nibs. He fell upon the ground, and cried: 'Save me! save me!' That was easier said than done.

The Boys had to think as fast as anything, because the wolves were not waiting to think at all. They said to each other, 'What would Peter do? Why, Peter would look at them

einen reich zubereiteten Kuchen zu essen, wenn er feucht ist. Und sie werden ihn hinunterschlingen und dran sterben. Haha, hoho!"

Kralle und Stunk lachten und tanzten vor Vergnügen über ihren teuflischen Plan und sie stimmten das Piratenlied an. – Da hörten sie in weiter Ferne ein Geräusch. Sie hielten inne, um zu lauschen. . . . Wahrhaftig, es war

tick tick, tick tick. . . .

es war das Krokodil.

Kralle sauste los von Todesfurcht gejagt. Stunk hatte zwar keinen so besonderen Grund zur Furcht, das Krokodil verfolgte ja nicht ihn, dennoch suchte auch er das Weite.

Die Verlorenen Buben kamen wieder ins Freie, nicht ahnend, daß ihre Feinde durch ihren Kamin zu ihnen herabgelauscht hatten. Schwupp fehlte noch, doch da kam er schon angerast, ein Rudel Wölfe dicht auf den Fersen. Die Wölfe heulten und hingen ihre Zungen nach ihm heraus. Schwupp fiel zu Boden und zeterte: „Hilfe, Hilfe!" Das war leichter gesagt als getan.

Blitzschnell mußten die Buben überlegen, was zu tun war, denn die Wölfe liessen ihnen nicht zu viel Zeit dazu. Sie fragten einander, was würde jetzt Peter tun. Ja, er würde die Wöl-

through his legs.' And they bent double and went backwards at the wolves, looking at them through their legs.

The wolves saw five pairs of eyes looking angrily at them upside down, and they were so worried that they fled.

When Nibs had got his breath back, he said: 'I have seen a wonderful thing. There's a great white bird flying this way. And as it flies it moans, 'Poor Wendy!'

'There are birds, I remember, called Wendies,' said Slightly. He always pretended to remember things in England before he got lost and was taken to the Island.

'There it is, coming now!' cried Curly. They could see Wendy flying overhead, and hear her sad cries. Tinker Bell was pinching her all over. Tink's light was flashing to and fro, and she was making a shrill tinkling.

The Boys were very much puzzled. They shouted: 'Hallo, Tink!' And the naughty little thing replied: 'Peter wants you to shoot the Wendy.'

fe zwischen den Beinen hindurch anstarren, und sie beugten den Oberkörper vornüber und marschierten rückwärts auf die Wölfe los, sie immer zwischen den Beinen hindurch anstarrend.

Als die Wölfe auf einmal fünf Paar Augen umgekehrt und so voll Zorn auf sich gerichtet sahen, wurden sie so verwirrt, daß sie die Schwänze einzogen und schleunigst flohen.

Als Schwupp wieder zu Atem gekommen war, sagte er: „Ich habe was Wundervolles gesehen. Es kommt ein großer weißer Vogel hierhergeflogen und stöhnt dabei immerzu „arme Wendy"! „Soviel ich mich erinnere, gibt es Vögel, die Wendy heißen" sagte Flüchtig. Er tat immer, als erinnere er sich an allerlei Dinge aus der Zeit, ehe er verlorengegangen und auf die Insel gekommen war.

„Da ist er, da kommt der Vogel", rief Kräusel. Sie konnten Wendy über sich fliegen sehen und ihre kläglichen Rufe hören. Bimmelchen zwickte und zwackte sie von allen Seiten, ihr Licht funkelte bald da, bald dort. Dazu vollführte sie ein schrilles Gebimmel.

Die Buben staunten. „Hallo, Bimmelchen" riefen sie, und das nichtsnutzige kleine Ding antwortete: „Peter will, daß Ihr die Wendy abschießt!"

They rushed down underground to fetch their bows and arrows, all except Tootles, who had his with him.

'Quick, quick, Tootles!' screamed Tink. 'Peter will be so pleased.'

'Get out of the way, Tink,' shouted Tootles; and he shot up at Wendy.

Wendy fluttered down and lay quite still, with an arrow in her breast.

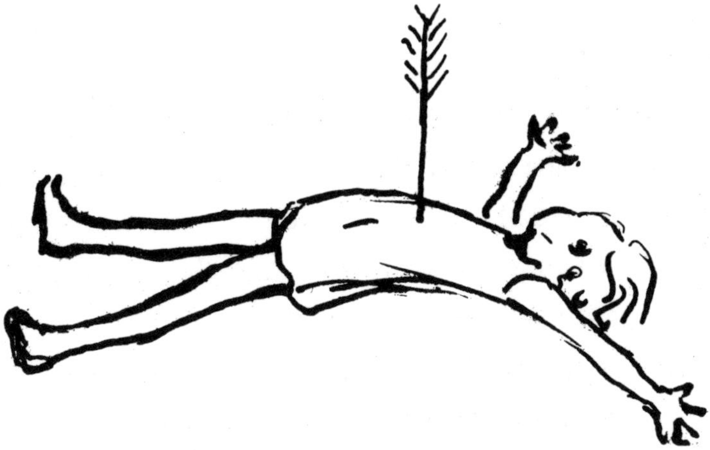

Alle rannten in die Wohnung hinab, Bogen und Pfeile zu holen, nur Doddele nicht, der den seinen zufällig bei sich hatte.

„Schnell, schnell, Doddele", kreischte die Elfe, „Peter wird sich sehr darüber freuen!"

„Geh aus dem Weg, Bimmelchen", rief der Bub und schoß nach Wendy. Gleich purzelte sie auch herab und lag ganz still am Boden, den Pfeil in der Brust.

CHAPTER SEVEN

The Little House is built

When the five other boys came back with their bows and arrows, they found Wendy lying on the ground, and Tootles feeling ever so pleased with himself. He cried, 'You are too late. I have shot the Wendy!'

They did not hear Tinker Bell saying 'Silly ass!' as she flew away to hide. Tootles had done exactly what she wanted, and he would get all the blame.

The Boys crowded round Wendy; and Slightly was (as usual) the first to speak. He said in a frightened voice: 'But this is not a bird. I think it's a lady.' Tootles began to tremble. Could it be a lady?

'Then we have killed her,' said Nibs.

'I see what it is,' said Curly; 'Peter was bringing us a lady.'

'Yes, a lady who would take care of us,' said the Twins, 'and now Tootles has shot her.'

KAPITEL 7

Wendy's Hausbau

Als die fünf anderen Buben mit Pfeil und Bogen zurückkamen, lag Wendy schon am Boden und Doddele rief ihnen entgegen: „Ihr kommt zu spät, ich habe die Wendy schon abgeschossen!" Er war sehr zufrieden mit seiner Tat.

Sie hörten nicht, wie Bimmelchen sagte: „Blöder Esel!", als sie wegflog, um sich zu verbergen. Doddele hatte genau das getan, was sie wollte. Er würde es nun ausbaden müssen.

Die Buben standen um Wendy herum und wie gewöhnlich war Flüchtig der erste, der sprach. Voll Angst sagte er: „Aber das ist ja gar kein Vogel, ich glaube, es ist eine Dame." Doddele begann zu zittern. Sollte es wirklich eine Dame sein?

„Dann haben wir sie getötet!" sagte Schwupp.

„Jetzt weiß ich's", sagte Kräusel, „Peter hat uns eine Dame mitgebracht."

„Ja, eine Dame, die sich um uns gekümmert hätte ", klagten die Zwillinge im Chor, „und jetzt hat Doddele sie totgeschossen."

Tootles was very pale. He said he had never seen a lady except in dreams, and then he called her Pretty Mother. 'But when a real lady came,' he went on sadly, 'I shot her.'

They all were thinking the same thought: 'Oh, won't Peter be angry!' And Tootles said he should go away; he was so afraid of Peter.

But now they heard Peter crowing loudly overhead, and the next moment he dropped down beside them. They were all, except Tootles, standing close round the body of Wendy, hoping Peter would not see it.

'I am back again,' said Peter. 'Why don't you cheer?'

They tried to cheer, but no sound came out of their mouths.

'I have brought you a mother at last,' said Peter joyfully. He expected them to say, 'How clever you are!' But they didn't.

Peter became rather anxious. He said: 'She flew this way. Haven't you seen her?'

'Peter,' said Tootles. 'I will show her to you. Get back, Twins – let Peter see.'

Doddele war sehr blaß. Er sagte, er habe noch nie eine Dame gesehen außer in Träumen, und dann nenne er sie immer Goldmama. „Und nun“, fuhr er kläglich fort, „da eine richtige Dame gekommen ist, habe ich sie totgeschossen!“ Alle hatten den selben Gedanken: Wird Peter nicht sehr wütend sein? Doddele sagte, er wolle weglaufen, so fürchtete er sich vor Peter.

Da hörten sie ihn auch schon über ihren Köpfchen jauchzen, und im nächsten Augenblick landete er dicht neben ihnen.

Außer Doddele standen alle eng um Wendys Körper herum, in der Hoffnung, Peter würde ihn nicht sehen.

„Ich bin wieder da“, sagte Peter, „warum schreit Ihr nicht hurra?“

Sie versuchten es, aber kein Ton kam über ihre Lippen.

„Nun habe ich Euch endlich eine Mutter mitgebracht“, verkündete Peter freudig. Er erwartete, daß sie rufen würden: „Wie geschickt Du doch bist!“ Aber sie blieben stumm. Peter wurde zornig. „Sie flog hierher, habt Ihr sie nicht gesehen?“

„Peter!“ sagte Doddele, „ich will sie Dir zeigen. Macht Platz, Zwillinge, daß er sie sieht.“

Peter looked at Wendy lying there with the arrow still sticking in her. He did not know what to say or to do. After some time he remarked that Wendy was dead. 'Perhaps she is frightened at being dead,' he went on. He thought of making a joke out of it, and hopping off on one leg. I told you Peter was quite heartless. But somebody ought to be punished. So he took the arrow out of Wendy's breast, and asked whose was it? Tootles bravely answered that it was his. Peter was then going to stab him with it – and Tootles, kneeling, waited to be killed; he was sure he deserved it. But

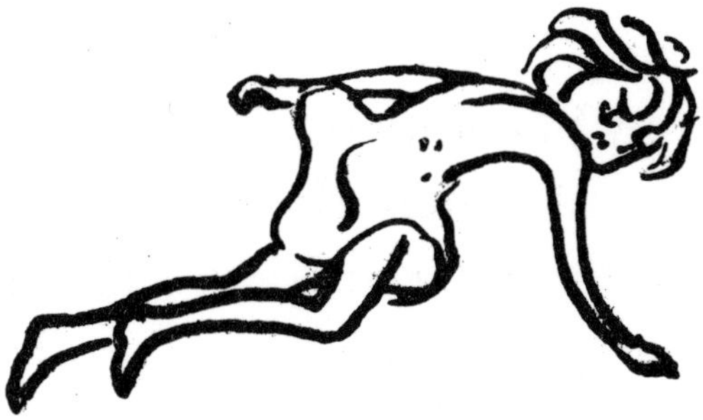

Peter sah auf Wendy nieder, der Pfeil stak noch. Er wußte nicht recht, was er jetzt sagen oder tun sollte. Nach einer Weile stellte er fest, daß sie tot sei, und versuchte, sich durch einen Witz aus der Patsche zu ziehen: „Vielleicht fürchtet sie sich vor dem Tot–Sein."

Ich habe Euch ja gesagt, daß Peter sehr herzlos war. Er zog den Pfeil aus Wendys Brust und fragte, wem er gehöre.

Tapfer antwortete Doddele: „Mir".

Peter holte aus, um ihn zu erstechen. Doddele erwartete knieend seinen Tod, er war über-

somehow Peter could not make up his mind to kill Tootles. And while the rest were watching him in wonder, Nibs was watching Wendy. He cried: 'The Wendy lady moved her arm! I heard her say, 'Poor Tootles!' '

Peter said: 'Then she is alive.'

'The Wendy lady is alive!' shouted Slightly. Peter knelt by her, and found that the button he had given her, which she had put upon the chain round her neck, had saved her life. The arrow had struck against it. Wendy was not dead. She was only fainting.

'Do get better quickly, Wendy,' said Peter. 'I want to show you the Mermaids.' But of course she could not answer. What was that curious noise overhead?

'Listen to Tink,' said Curly; 'she is crying because she wanted the Wendy to be killed.' Peter did not know what this meant, but when they told him how Tink had screamed at them to shoot the Wendy, he was shocked, and said: 'Tink, I will not be your friend any more, Go away for ever.'

zeugt, ihn verdient zu haben, doch irgendwie brachte Peter es nicht über sich, ihn zu töten, und während die andern Peter voll Spannung beobachteten, sah Schwupp zufällig auf Wendy. Plötzlich schrie er: „Die Dame Wendy hat ihren Arm bewegt. Ich habe sie murmeln hören: Armes Doddele!"

„Dann lebt sie!" sagte Peter bestimmt.

„Die Dame Wendy lebt", brüllte Flüchtig.

Peter kniete nieder und fand, daß ein Eichelknopf, den sie an der Halskette trug, ihr das Leben gerettet hatte. Es war derselbe Knopf, den er ihr kürzlich geschenkt hatte. Da war der Pfeil aufgeprallt. Wendy war nicht tot, nur ohnmächtig.

„Werde schnell wieder gesund, Wendy", bat Peter. „Ich will Dir die Meermädchen zeigen."

Natürlich konnte sie ihm nicht antworten. Aber was sollte denn der seltsame Lärm da über ihnen?

„Hört nur einmal Bimmelchen!" sagte Kräusel, „sie weint, weil sie wollte, daß Wendy getötet werde."

Peter verstand nicht, was das bedeuten sollte, doch als sie ihm erzählten, wie Bimmelchen ihnen zugekreischt habe, Wendy zu erschießen, war er entsetzt und rief hinauf: „Ich will Dein Freund nicht mehr sein, pack Dich für

Tink begged and prayed, but Peter would not listen, until he saw Wendy move her arm again, and then he said: 'Well, go away for a whole week, anyhow.' And Tink flew away, as cross as two sticks.

Peter and the boys were wondering what to do with the fainting Wendy. Curly said: 'Let us carry her down into our house,' and Slightly agreed that this was the proper way to behave to ladies.

'Oh, no,' said Peter, 'it would not be respectful to touch her.'

'Just what I was thinking,' said Slightly.

'But she will die if we leave her here,' said Tootles.

'Yes, she will,' said Slightly; 'but there is nothing else to be done.'

'Oh, but there is,' cried Peter. 'We will build a little house all round her!'

Wasn't this a clever plan! Peter made the boys fetch branches, and moss, and furniture from the house underground – as fast as they could go.

And while they were scurrying all over the place – almost tumbling over each other, they were so eager to please Peter – two sleepy persons crawled in among them. These were

immer!“ Bimmelchen bettelte und bat, aber Peter hörte nicht eher darauf, als bis er Wendy wieder den Arm bewegen sah, dann sagte er: „So geh denn fort, aber eine ganze Woche lang!“ Und Bimmelchen flog davon, kreidebleich vor Wut.

Peter und die andern Buben hätten nun gern gewußt, was sie mit der ohnmächtigen Wendy anfangen sollten. Kräusel schlug vor: „Wir wollen sie in unsere Wohnung hinuntertragen!“ Flüchtig stimmte ihm bei, dies sei die rechte Art, Damen zu behandeln.

„Oh nein“, widersprach Peter, „es wäre nicht höflich, sie zu berühren.“

„Das meine ich eigentlich auch“, sagte Flüchtig.

„Aber sie wird sterben, wenn wir sie hier liegen lassen“, gab Doddele zu bedenken.

„Ja, sie wird sterben“, sagte Flüchtig, „doch da ist nichts zu machen!“

„Oh doch“ rief Peter, „wir wollen um sie herum ein kleines Haus bauen.“

War das nicht ein gescheiter Plan? Peter ließ die Buben Äste und Moos holen und Möbel aus ihrer Erdwohnung, so schnell sie nur konnten. Sie jagten in der ganzen Gegend umher und stolperten beinahe übereinander vor lauter Eifer. Da torkelten zwei schläfrige Leutchen zwi-

John and Michael, who kept on going to sleep, and just waking up enough to take another step, and then going to sleep again.

Peter had quite forgotten them; but when they said, 'Hullo, Peter,' he began to remember. They asked, 'Is Wendy asleep?'

Peter was busy measuring Wendy, so as to leave some room beside her for a table and chairs. He said, 'Yes,' without thinking.

'Let's waken her to make us some supper,' said Michael.

But Peter commanded them to help build Wendy's house. He told Curly to see that they did. John and Michael were so surprised at the idea of building a house for Wendy, that Michael forgot to say, 'Won't!'– and John forgot to be sleepy. They were at once made to work like anything.

'First we must put the table and chairs and fender,' said Peter, 'then we shall build the house all round them.'

'Yes, I remember,' said Slightly, 'that is the way a house is built.'

schen sie, Hans und Michel. Sie schliefen im Gehen: Ein Schritt vorwärts, ein Nickerchen, wieder ein Schritt und wieder ein Nickerchen.

Peter hatte sie ganz vergessen, doch als sie nun riefen: „Hallo, Peter", begann er sich zu erinnern.

Sie fragten: „Schläft Wendy?"

Peter war eben damit beschäftigt, Wendy's Länge und Breite zu messen, um neben ihr noch etwas Raum für Tische und Stühle zu lassen. Ganz gedankenlos erwiderte er: „Ja."

„Wir wollen sie aufwecken, daß sie uns das Abendbrot richtet", gähnte Michel.

Doch Peter befahl ihnen, Wendy's Haus bauen zu helfen.

Zu Kräusel sagte er, er solle drauf sehen, daß sie auch wirklich arbeiteten. Hans und Michel waren indes so überrascht von dem Gedanken, für Wendy ein Haus bauen zu können, daß Michel ganz vergaß: „Will nicht" zu sagen, und Hans es vergaß, müde zu sein. Man ließ sie gleich arbeiten wie wild.

„Zuerst müssen wir Tische und Stühle und das Kamingitter aufstellen", sagte Peter, „dann werden wir das Haus um das Ganze herumbauen."

„Ja", sagte Flüchtig, „ich erinnere mich, daß man Häuser so baut."

'Slightly, go and fetch a doctor,' said Peter.

'Aye, aye, sir,' said Slightly. He went away, and returned with John's top-hat on. He made-believe to be a doctor; and, as Peter did not know the difference between real and make-believe, this did very well. Peter called him 'sir,' and Slightly pretended to put a glass thing in Wendy's mouth. When he took it out again, he told Peter it had cured her. Next, he ordered that she was to be given beef-tea out of a cup with a spout to it. Then he took back the hat, which was quite real, to John, from whom he had borrowed it without asking.

The odd thing was, that Wendy really was getting better. She began to move a little, though her eyes were still shut; and by and by her mouth opened.

'Perhaps she is going to sing in her sleep,' said Peter. 'Wendy, will you sing what sort of a house you would like?' Wendy then sang a little verse, still with her eyes shut:

'I wish I had a pretty house,
The littlest ever seen,
With funny little red walls,
And roof of mossy green.

„Flüchtig, geh, hol den Arzt!“ befahl Peter.

„Jawohl, mein Herr!“, sagte Flüchtig, ging und kam in Hansens Zylinder zurück. Er tat, als wäre er der Arzt. Und da Peter zwischen Wirklichkeit und Schein nie einen Unterschied machte, genügte das auch. Peter sprach ihn mit „mein Herr“ an und Flüchtig tat, als ob er ein Instrument aus Glas in Wendys Mund stecke. Als er es wieder herausgezogen hatte, erklärte er Peter, das habe Wendy geheilt. Dann verordnete er Bouillon aus der Schnabeltasse. Er trug den Hut zurück und gab ihn Hans wieder, von dem er ihn, ohne zu fragen, geborgt hatte.

Das Seltsame aber war, daß es Wendy wirklich besser wurde. Sie begann sich ein wenig zu regen, allerdings blieben die Augen noch geschlossen, nur der Mund öffnete sich allmählich.

„Vielleicht singt sie im Schlaf?“ bemerkte Peter.

„Wendy, willst Du uns nicht singen, welche Art von Haus Du Dir wünschst?“ Und Wendy sang mit geschlossenen Augen ein kleines Lied:

Ich wollt, ich hätt ein kleines Haus,
das kleinste, das man kennt.
Vier lustig rote Wände nur,
ein Dach von grünem Moos.

They got it made almost at once, because they had all the building stuff ready handy. They sang as they worked; the little house looked so jolly, with red branches and green moss and make-believe roses. Inside it, they had put the nicest things from the house under the ground. And when they thought it was all properly finished, Peter told them they had forgotten the door-knocker and the chimney. So they put the sole of a shoe for a knocker; and John's top-hat, with the bottom taken out, made a splendid chimney, which started smoking at once.

Then they all waited round while Peter knocked at the door. They did so wonder what would happen next!

The door was opened, and out came Wendy. She asked: 'Where am I?'

'Wendy lady,' said Slightly, 'this is the house we have built for you.'

'Do say you're pleased!' said Nibs.

'It's a lovely, darling house!' exclaimed Wendy.

The Lost Boys knelt down and held out their arms, and cried: 'Oh, Wendy lady, be our mother!'

Im Handumdrehen hatten sie das Haus gebaut, denn sie hatten allen Baustoff gleich zur Hand. Sie sangen zu ihrer Arbeit und das kleine Haus sah bald sehr lustig aus mit seinen roten Zweigen, seinem grünen Moosdach und den Märchenrosen. Im Inneren hatten sie die schönsten Dinge aus ihrem unterirdischen Heim aufgestellt. Als sie schon dachten, es sei alles richtig bestellt, fand Peter, daß sie den Klopfer an der Tür und den Kamin vergessen hatten. So nahmen sie eine alte Schuhsohle als Klopfer. Und Hansens Zylinder, dem man den Boden herausgenommen hatte, gab einen prächtigen Kamin ab, der auch sofort zu rauchen begann.

Sie harrten in der Runde, während Peter anklopfte. Sie waren ja so schrecklich gespannt, was nun geschehen würde.

Die Türe ging auf und Wendy trat heraus. Sie fragte: „Wo bin ich?“

„Dame Wendy, das ist das Haus, das wir Euch gebaut haben“, sagte Flüchtig. „Sagt doch, gefällt es Euch?“ fragte Schwupp.

„Es ist ein entzückendes Häuschen!“ rief Wendy aus.

Die Verlorenen Buben knieten nieder, streckten die Arme aus und riefen: „Dame Wendy, seid unsere Mutter!“

Wendy was delighted, but she answered that she was only a little girl.

'That won't matter,' said Peter. 'A nice motherly person is all we want.'

'Very well,' said Wendy, 'I feel that is just what I am. I will do my best. Children, before I put you to bed I will finish the story of Cinderella.'

So they all squeezed somehow into the Little House, while Wendy told them stories. And then they were tucked up in bed in their own home under the trees.

Wendy war selig, aber sie antwortete, sie sei nur ein kleines Mädchen.

„Das macht nichts, wir wollen nur jemand, der nett und mütterlich ist", sagte Peter.

„Nun gut!" gab Wendy zurück, „ich fühle, daß ich das bin. Ich will mein Bestes tun! Also, Kinder, bevor ich Euch jetzt zu Bett bringe, will ich Euch noch das Märchen vom Aschenbrödel zu Ende erzählen."

Irgendwie zusammengedrängt in dem kleinen Haus horchten sie, wie Wendy erzählte. Zuguterletzt aber wurden sie zu Bett gebracht in ihrem eigenen Heim unter der Erde. —

Wendy was most beautifully motherly. When she had gone to sleep in the Little House, Peter, with his sword drawn, stood and watched outside. Everything was bright and happy as could be. The fairies, going home late, found Peter asleep too: this amused them very much, but did not surprise them. They had got used to Peter by now.

Wendy war eine herrliche Mutter. Als schließlich auch sie im kleinen Haus schlafen gegangen war, stand Peter mit gezogenem Schwert vor ihrer Tür und hielt Wache. Die Welt war schön und voll Glück. Elfen, die spät in der Nacht heimkehrten, fanden auch Peter in tiefem Schlaf. Sie lachten nur, es überraschte sie nicht. Sie hatten sich schon an Peter gewöhnt.

CHAPTER EIGHT

All sorts of adventures

As there was plenty of room in the house underground, Peter ordered that the three little Darlings should live there with the Lost Boys, so Wendy and John and Michael were each given a hollow tree for going down and up again. And they soon learned to go up and down as easily as if they had done it all their lives. The house underground had only one room, but that was very large. There were stout mushrooms to sit on, which grew out of the floor; there was a tree-trunk which did for a table, only it had to be sawed off every day to keep it short enough. The fire-place was a jolly big one, so that Wendy could dry her washing. There was an enormous bed, in which all the boys slept, as close as sardines in a tin; nobody could turn round unless they all turned. Only Michael was hung up in a basket, because Wendy didn't want him to grow up too soon, and the basket made him seem more like a baby. (Wendy herself slept in her own Little House.)

KAPITEL 8

Allerlei Abenteuer

Da in der Erdwohnung sehr viel Platz war, ordnete Peter an, daß die kleinen Lieblings mit den Verlorenen Buben zusammen da hausen sollten. Wendy, Hans und Michel bekamen je einen Baum zum Rauf- und Runtersteigen. Bald konnten sie es auch so schnell, als ob sie es schon ihr ganzes Leben getan hätten. Das Erdhaus bestand nur aus einem einzigen, riesengroßen Raum. Da wuchsen kräftige Pilze aus dem Fußboden: Das waren die Hocker. Ferner war da ein Baumstumpf, den man täglich absägen mußte, um ihn nieder genug zu halten: Das war der Tisch. Der Kamin war hübsch groß, so daß Wendy die ganze Wäsche auf einmal dran trocknen konnte. Schließlich stand da ein riesiges Bett, in dem alle Buben schliefen, eng wie die Sardinen in der Büchse. Keiner konnte sich drehen, wenn nicht alle sich drehten. Nur Michel wurde in einem Korb aufgehängt, weil Wendy nicht wollte, daß er zu schnell erwachsen würde und weil der Korb ihn mehr wie ein Wickelkind erscheinen ließ. (Wendy selbst schlief in ihrem eigenen kleinen Haus.)

But of course it was rather a plain sort of room: there was nothing at all grand in it, and nothing very beautiful; excepting just one place, a square hole in the wall, about the size of a canary's cage, with a curtain drawn across, and the most charming furniture inside. A mirror, and wash-stand, and chest of drawers, the tiniest ever you saw, and a couch with a bedspread of fruit- blossom. Rugs, and a carpet, and even a chandelier, though the person who lived there lit up the place herself. You will have guessed by now that this person was Tink. She was very conceited about this exquisite little room of hers. She boasted about it to the other fairies; but nobody was ever invited in.

Wendy was kept very busy, with such a large family to look after. Sewing, and mending, and darning stockings, and cooking for eight boys and herself and Peter, took up a lot of time. Besides, for hours every evening she had to tell all the stories she could remember. But she didn't mind so much work, because she was so extremely happy. She just loved being a mother to so many children. It was the greatest fun for her.

Natürlich war der große Raum sehr einfach; ja, eigentlich war gar nichts Besonderes oder Schönes drin, außer einer quadratischen Öffnung in der einen Wand, vor der ein Vorhang hing. Dahinter verbarg sich ein kleiner Raum, etwa so groß wie ein Vogelkäfig, der allerliebst eingerichtet war: Spiegel, Waschtisch, Kommode waren da, alles ganz winzig. Das Lager hatte eine Decke aus Obstblüten und einige Wolldecken. Auf dem Fußboden lag ein Teppich. Sogar ein Kerzenständer fehlte nicht, obwohl die Bewohnerin selbst dem Raum genügend Licht spendete. Doch habt Ihr inzwischen gewiß erraten, daß dies nur Bimmelchen sein konnte. Sie bildete sich viel ein auf ihr köstliches Zimmerchen und protzte damit bei den anderen Elfchen, aber nie lud sie jemand zu sich ein.

Wendy war dauernd sehr beschäftigt, da sie doch für eine so große Familie zu sorgen hatte. Um nur für die acht Buben, Peter und sich selbst zu nähen, zu flicken, Strümpfe zu stopfen und zu kochen, brauchte sie sehr viel Zeit. Außerdem mußte sie jeden Abend stundenlang alle Geschichten erzählen, die sie wußte. Doch die viele Arbeit war ihr nicht lästig. Sie war restlos glücklich. Sie liebte es ja, so vielen Kindern Mutter zu sein. Es machte ihr riesig Spaß.

Sometimes, of course, Wendy thought about home, about Mr. and Mrs. Darling, and Nana; but she was quite easy in her mind about them. She was sure that she and John and Michael could get back again whenever they liked, and that the nursery window would be left open for them to fly in. She was a little bit bothered to see how John and Michael had nearly forgotten their old home already. She wrote out questions on a slate for them to answer, like, 'What is the colour of Mother's eyes?' 'Which is taller, Father or Mother?' 'Describe Mother's party dress,' and so on. The other boys wanted to be given these questions, too, and Slightly wrote an answer to every single one, but, of course, it was all wrong. However, John's answers were quite stupid, and Michael was not at all sure whether Wendy wasn't his real mother. By and by, Wendy found herself forgetting too. Time goes very fast in the Never-Land.

Peter did not play in this slate-game, partly because he could neither write nor spell, and partly because he thought all mothers silly. There was one of Wendy's stories, about Mrs. Darling, which he simply hated, and he went

Natürlich dachte sie auch manchmal an Zuhause, an Vater und Mutter und an Nana, doch machte sie sich keine Sorgen um sie. Sie war überzeugt, daß Hans, Michel und sie jederzeit, wann sie wollten, zurückkehren konnten und das Kinderzimmerfenster immer für sie offen stand. Es ärgerte sie ein wenig, daß Hans und Michel ihre alte Heimat schon fast vergessen hatten. Sie schrieb ihnen Fragen auf eine Schiefertafel, die sie beantworten mußten, zum Beispiel: Welche Farbe haben Mutters Augen? Oder: Wer ist größer, Vater oder Mutter? Oder: Wie sieht Mutters Gesellschaftskleid aus? Und so weiter.

Die anderen wollten auch so gefragt werden und Flüchtig schrieb auf jede einzelne Frage eine Antwort, aber natürlich waren sie alle ganz falsch. Hansens Antworten waren schrecklich dumm und Michel zweifelte sehr, ob nicht Wendy seine richtige Mutter wäre. Allmählich begann auch Wendy alles zu vergessen. Die Zeit vergeht sehr rasch im Nirgendsland.

Peter spielte bei diesem Schreibspiel nie mit, teils weil er weder schreiben noch lesen konnte, teils weil er alle Mütter für blöd hielt. Eine von Wendy's Geschichten aber, die Geschichte von Frau Liebling, haßte er regelrecht und je-

out by himself in a huff whenever this was being told. No one ever knew what happened when Peter was away alone; but it looked as if he were having adventures. There may have been fights with Pirates, or with Grizzly Bears, or with Redskins: Peter sometimes came home with his head bandaged. Still, it was very difficult to tell if his adventures were real ones or make-believe; it was all the same to him.

There were some real adventures, though, most exciting; Wendy knew they were true, because she was in them herself. There was the cake which the Pirates cooked so that the Boys might die after eating it. It was found, time after time, hidden in different places; but Wendy always snatched it away before any boy could so much as nibble at it. So it became quite old and hard, and came in handy for throwing at the Pirates.

And there was the adventure of the Never-Bird whose nest fell out of a tree into the lagoon; but she went on sitting upon her eggs, and Peter commanded that she was not to be disturbed. And there was the adventure of the

desmal, wenn sie erzählt wurde, ging er voll Ärger hinaus. Niemand erfuhr je Peters Abenteuer, wenn er so allein weg war, doch es sah ganz so aus, als ob er wirkliche Abenteuer erlebte. Vielleicht bestand er Kämpfe mit den Piraten oder mit den Graubären oder mit den Rothäuten. Manchmal kam er sogar mit verbundenem Kopf heim. Doch es war schwer festzustellen, ob er seine Abenteuer wirklich bestand oder nur erfand, denn das war ja für ihn ein und dasselbe.

Nun gab es freilich auch ein paar richtige Abenteuer, die sehr aufregend waren. Wendy wußte, daß sie wirklich geschehen waren, da sie selbst mit dabei gewesen war. Da war der Kuchen, den die Piraten gebacken hatten, um die Buben damit zu vergiften. Immer wieder fanden sich Stücke davon hie und da versteckt. Doch Wendy erwischte alle Stücke, ehe ein Bub davon naschen konnte. So wurde der Kuchen alt und hart und eben recht, daß man ihn den Piraten an den Kopf werfen konnte.

Einmal gab's eine große Aufregung mit dem Nirgendvogelweibchen, dessen Nest von einem Baum in die Lagune gefallen war. Es war jedoch auf seinen Eiern sitzen geblieben und Peter hatte befohlen, daß man sie nicht stören solle. Dann das Abenteuer mit dem großen

Large-Leaf, on which Tink and some rude little street-fairies, finding Wendy asleep, put her afloat, hoping she would be carried away by the tide. Tink, you see, was just as spiteful as ever. But Wendy awoke and swam back.

However, the adventure of the Mermaids' Lagoon, I think, was the biggest of all. The Mermaids did not like the Boys coming to play in their lagoon; and they objected so much to Wendy that they would dive at once if they saw her, and splash her with their tails if they possibly could. This was very unfriendly; for Wendy would have liked to talk to them, if it were only a few words about the weather. but they never said a single civil thing to her, not even 'Good afternoon', although they would chatter by the hour with Peter.

One summer day the Boys were lying in the sun, dozing, on the great rock called Marooners' Rock. Wendy was wide-awake, stitching away at her needlework. Suddenly the air grew dark and cold, and there came a funny sound, nearer and nearer, across the water. Wendy did not know what it was, but Peter did. It was the noise of muffled oars. Now, nobody but the sly Pirates would use muffled

Blatt, auf dem Bimmelchen und einige andere Lauseelfchen Wendy schlafend antrafen und ins Wasser schoben, in der Hoffnung, sie werde von der Flut weggespült. Ihr seht, Bimmelchen war immer noch unartig. Doch zum Glück erwachte Wendy und schwamm zurück.

Ich glaube aber doch, das Meerjungfernabenteuer war das größte von allen. Die Meerjüngferchen sahen die Buben nicht gern an ihrer Lagune spielen. Aber Wendy konnten sie so wenig leiden, daß sie immer, sobald sie sie sahen, untertauchten und mit ihren Schwänzen patschnaß spritzten. Das war sehr unfreundlich, denn Wendy hätte gerne mit ihnen geplaudert, und wenn es nur über das Wetter gewesen wäre. Doch sie gönnten ihr nicht ein freundliches Wort, nicht einmal einen „Guten Abend", obwohl sie um diese Zeit immer mit Peter zu schwatzen pflegten.

An einem schönen Sommertag lagen die Buben auf dem sogenannten Negerfelsen in der Sonne und dösten. Wendy nur war wach. Sie stichelte an einer Näharbeit. Plötzlich wurde es finster und kalt und ein seltsames Geräusch kam näher. Wendy wußte nicht, was es war, aber Peter wußte es sofort. Es war das Geräusch von Rudern, die mit Stoff umwickelt waren. Niemand anderes als die heimtückischen Pira-

oars. In fact, they were the only people on the Island who had any oars at all.

So when Peter shouted, 'Pirates! Dive!' everyone woke up and jumped into the water. Peter and Wendy stayed together behind the rock, where they were not likely to be seen.

The Pirate dinghy was rowed up to the rock be Smee the bos'n and his comrade Starkey, both of them thoroughly bad men. They had taken prisoner the Redskin princess, Tiger-Lily; they had tied her hand and foot, and were

ten benutzten solche Ruder, ja sie waren die einzigen auf der ganzen Insel, die überhaupt Ruder besaßen. Als Peter nun rief: „Die Piraten! Marsch ins Wasser!" erwachten die Buben gleich und sprangen ins Wasser. Peter und Wendy blieben miteinander hinter dem Felsen, wo man sie wahrscheinlich nicht sehen würde.

Das Piratenboot wurde von Stunk, dem Bootsmann, und seinem Kumpan Dickkopf zum Felsen gerudert. Das waren zwei ganz üble Kerle. Sie hatten die Indianer überfallen und die Indianerprinzessin Tigerlilie gefangen genommen und ihr Arme und Beine gefesselt.

going to leave her on the rock to be drowned! This shows how black-hearted they were.

Peter made up his mind to save Tiger-Lily. The easiest thing would have been to wait till the Pirates had gone away again. But Peter did not care for an easy way. He bobbed up and down in the water behind the rock, and imitated the voice of Hook, so cleverly that Smee and Starkey thought it was their captain calling to them. Peter ordered them to set Tiger-Lily free, and let her go. He said he would claw them if they didn't obey at once.

They thought this very odd; but they were afraid to contradict their captain. They cut the cords round Tiger-Lily's arms and legs; and she slipped into the lagoon and swam ashore. Peter and Wendy were delighted at seeing this; and Peter was just about to give one of his most conceited crows, when Wendy put her hand over his mouth. For the real Hook was now shouting over the lagoon, as he swam to the rock. 'Boat ahoy!' he cried. The two Pirates showed a lantern, and lighted him, so that he climbed up beside them and sat down, all dismal and dripping, resting his head on his

Jetzt wollten sie sie auf dem Felsen liegen lassen, damit sie in der steigenden Flut ertränke. Solch schwarze Seelen waren sie.

Peter beschloß, Tigerlilie zu retten. Das einfachste wäre ja gewesen, zu warten, bis die Piraten wieder weggefahren wären, aber Peter haßte alles Einfache. Er tauchte hinter dem Felsen im Wasser auf und ab und ahmte Kralles Stimme so täuschend nach, daß Stunk und Dickkopf wirklich meinten, es wäre der Kapitän, der ihnen da Weisungen gab. Peter befahl ihnen, Tigerlilie von den Fesseln zu lösen und frei zu lassen, er sagte, er wolle sie krallen, wenn sie nicht sofort gehorchten.

Sie fanden das zwar sehr seltsam, doch wie immer wagten sie nicht, zu widersprechen. Eilends zerschnitten sie die Stricke um Tigerliliens Arme und Beine, die denn auch sofort in die Lagune hüpfte und an Land schwamm. Peter und Wendy waren überglücklich, als sie das sahen. Eben schickte sich Peter an, einen seiner übermütigen Jauchzer loszulassen, da legte ihm Wendy die Hand auf den Mund, denn nun rief der richtige Kralle über die Lagune, während er zum Felsen heranschwamm: „Boot ahoi!" Die beiden Piraten hielten ihre Laterne hoch und leuchteten ihm. Er kletterte hoch und setzte sich neben sie nieder. Traurig stütz-

hook. Oh, how he groaned and sighed! Smee and Starkey could not think what was the matter with him; but at last they ventured to ask him: 'What's up, captain?'

Hook replied in a hollow voice: 'Those Boys have found a mother!'

'What is a mother?' asked Smee. He had never been properly taught.

'That is a mother,' said Hook, and he pointed to the Never-Bird sitting on her floating nest. 'That nest must have fallen into the water, but would the mother desert her eggs? No.'

'If she is a mother,' said Starkey, 'perhaps she is sticking about here to help Peter.'

Hook said that was just what he was afraid of.

Smee and Starkey then understood that Peter and the Boys were quite safe, and could come to no harm from wicked Pirate plots, because they had a mother to take care of them. A mother was stronger than the wickedest Pirate. Whatever could be done?

Suddenly Smee said: 'Captain! I say! Couldn't we steal away the Boys' mother and hade her for our mother?'

te er den triefenden Kopf auf seinen eisernen Haken. Und wie er stöhnte und ächzte! Stunk und Dickkopf konnten sich gar nicht denken, was mit ihm los war, und schließlich wagten sie ihn zu fragen. „Was ist denn los, Kap'tän?"

Tonlos antwortete Kralle: „Die Verlorenen Buben haben eine Mutter gefunden."

„Was ist eine Mutter?" fragte Stunk. Man hatte es dem Armen noch nie so recht gesagt.

„Das ist eine Mutter", sagte Kralle, und deutete auf das Nirgendvogelweibchen, das da auf seinem schwimmenden Nest hockte. „Ihr Nest ist wohl ins Wasser gefallen, aber nie wird sie die Eier verlassen."

„Wenn es eine Mutter ist", meinte Dickkopf, „ist sie vielleicht gerade hier, um Peter zu helfen."

Kralle sagte, gerade das befürchte er.

Da verstanden sie, daß Peter und die Buben völlig sicher waren und durch ihre faulen Piratenpläne nicht mehr zu Schaden kommen konnten, weil eine Mutter über sie wachte. Eine Mutter war stärker als die schlimmsten Piraten. Was war da zu tun?

Plötzlich meinte Stunk: „Kap'tän, wie wär's, wenn wir die Mutter den Buben stehlen und sie uns selber zur Mutter nehmen würden?"

'Splendid!' cried Hook. 'Yes, we will seize the children and take them to the ship, and drown them all. Then we shall have Wendy for our mother.'

'Never!' cried Wendy behind the rock.

The Pirates asked, 'What was that?' but there was silence. So they put their hands on Hook's claw, and agreed to do as he had said, and to kidnap Wendy and destroy the others. Nothing could be simpler. The Pirates chuckled horridly in their joy.

At this minute, Hook remembered about Tiger-Lily. 'Where is the Redskin?'

'We let her go, as you told us,' said Smee.

'You let her go!' cried Hook. He was fearfully angry; but when his men explained that his own voice had given the order, he was very uncomfortable indeed. So were they all. Certainly it was very queer that somebody should be imitating Hook like that. A Mermaid could not do it; nor a Redskin; nor a fairy. Hook thought, 'Perhaps the person who is mocking me is still somewhere here.' So he called out, and Peter answered him, exactly in his own voice. Just like an echo, only he did not say the same words.

„Großartig!“ rief Kralle. „Ja, wir wollen die Kinder fangen, aufs Schiff bringen und sie alle ersäufen, dann wird Wendy unsere Mutter.“

„Niemals“ schrie Wendy hinter dem Felsen.

„Was war das?“ fuhren die Piraten auf.

Doch alles blieb still. Da legten sie die Hände auf Kralle's Haken und beschloßen, so zu handeln, wie er gesagt hatte. Nichts einfacher als das. Die Piraten lachten ein gräßliches Lachen in ihrer Freude.

In diesem Augenblick erinnerte sich Kralle an Tigerlilie. „Wo ist die Rothaut?“

„Wir ließen sie frei, wie Du uns befohlen hast“, antwortete Stunk.

„Ihr ließt sie laufen?“ schrie Kralle wütend. Doch als seine Leute ihm erklärten, seine eigene Stimme habe den Befehl dazu gegeben, war ihm sehr unbehaglich zumute und den beiden anderen auch. Es war auch recht seltsam, daß jemand Kralle so gut nachahmen konnte.

Eine Meerjungfer brachte es sicher nicht fertig, eine Rothaut konnte es auch nicht sein und noch viel weniger eine Elfe. Kralle überlegte, vielleicht ist der, der mich nachäfft, noch irgendwo in der Nähe. Er stieß einen lauten Ruf aus und Peter antwortete, Kralle's Stimme nachahmend wie ein Echo, nur daß er andere Worte gebrauchte.

'Stranger, who are you?' said Hook.

'I am Captain James Hook of The Jolly Roger,' replied Peter.

'Then, who am I?' said Hook.

'Only a codfish,' said the voice.

Hook was very much annoyed. He shouted, 'Have you another name?' This was only a trick and a trap. But Peter was feeling so frightfully conceited that he did not see what Hook was after. And he answered, in his own proper voice, 'I have!' Hook went on making guesses; and at last he got as far as this, that the voice belonged to a wonderful boy, who was close to, but could not be seen.

'You can't guess, you can't guess!' crowed Peter. 'So you give it up?'

'Yes, yes!' cried the Pirates.

'Well, then, I am Peter Pan!'

'Take him, dead or alive!' screamed Hook.

'Are you ready, Boys?' shouted Peter.

'Aye, aye, sir!' This answer came from different parts of the lagoon.

'Then go for the Pirates!'

And the fight began.

„Fremder wer bist du?“ fragte Kralle.

„Ich bin Kapitän Kaspar Kralle vom „Bruder Lustig“, antwortete Peter.

„Und wer bin ich?“ fragte Kralle.

„Ein Stockfisch!“ sagte die Stimme. Kralle ärgerte sich grün und blau, er rief: „Hast Du noch einen anderen Namen?“ Das war nur eine Finte und eine Falle für Peter, aber Peter war so übermütig, daß er gar nicht merkte, auf was Kralle ausging. So antwortete er unbekümmert mit seiner natürlichen Stimme: „Ja“.

Kralle rief immer weiter und schließlich hatte er soviel heraus, daß die Stimme zu einem netten kleinen Jungen gehörte, der ganz in der Nähe war, aber nicht gesehen werden konnte.

„Ihr könnt es nicht erraten, Ihr könnt es nicht erraten!“ jauchzte Peter. „Gebt Ihr's auf?“

„Ja, ja“, riefen die Piraten.

„Nun denn: Ich bin Peter Pan.“

„Fangt ihn tot oder lebendig!“ kreischte Kralle.

„Seid Ihr bereit, meine Buben?“ rief Peter mit seiner hellen Stimme.

„Jawohl, mein Herr!“ tönte die Antwort von überall her über die Lagune.

„Dann drauf, haut die Piraten!“

Und die Schlacht begann.

CHAPTER NINE

Rescued from the Rock

It was a great fight, though a short one. Eight small boys, armed with daggers, and Peter Pan – that makes nine – against three large grown-up Pirates, each of them hung all over with pistols, guns, knives, cutlasses, and other dangerous things; and, of course, there was Hook's iron claw, which was the worst of all.

Tootles was wounded, and Wendy was feeling faint. But the rest managed to conquer Smee and Starkey by attacking them from three sides at once. The defeated ruffians fled back to their ship. A pity they could not have been killed; but it is so difficult to fight properly in the water and on slippery rocks.

Meanwhile, the Boys all kept the promise they had made to Peter long ago. Not one of them went near Hook. Peter was waiting to meet with Hook, but the Pirate captain was so cunning that there was no chance to get at him, until he climbed up Marooners' Rock to get a

KAPITEL 9

Die Errettung vom Felsen

Die Schlacht war kurz, aber ganz großartig. Acht kleine Buben mit Dolchen und Peter Pan, das macht neun gegen drei große, ausgewachsene Piraten, die von Pistolen, Gewehren, Dolchen, Entermessern und anderen gefährlichen Instrumenten nur so starrten. Und – ja richtig, da war noch Kralle's Haken, das Schlimmste von allem.

Doddele wurde verwundet und Wendy fiel in Ohnmacht. Die übrigen aber konnten Stunk und Dickkopf leicht besiegen, indem sie sie von drei Seiten zugleich angriffen. Geschlagen flohen die Raufbolde zu ihrem Schiff zurück. Leider konnten sie nicht getötet werden, denn im Wasser und auf einem schlüpfrigen Felsen läßt sich nur schwer richtig kämpfen.

Kralle selbst aber griff keiner von den Buben an. Sie hielten alle ihr Versprechen, das sie Peter gegeben hatten. Peter mühte sich sehr, an Kralle heranzukommen, doch der Piratenkapitän war so gewandt, daß sich nicht eher eine Gelegenheit dazu bot, als bis er einmal am Negerfelsen heraufkletterte, um einen Schluck

breath of air. At the same moment Peter climbed up on the opposite side, and they met, with their faces almost touching.

Peter was just about to stab the captain, when he saw that Hook was lower down the rock than he was. So he held out his hand to help his enemy up, that they might fight fair. And the ill-natured Hook bit him!

Peter's hand was hurt, but his feelings were much more hurt. It was so very unfair of Hook. Though, of course, you wouldn't expect a man like that to behave nobly. Anyhow, Peter was so taken aback that he was quite helpless. And while he stared at his dreadful enemy, Hook clawed him twice with the iron claw. All seemed lost, for Hook would have finished off the wounded Peter with one more clawing: when–

Tick, tick, tick, tick!

The Crocodile was swarming up the rock. Hook only just managed to escape. The Boys saw him, white with fear, swimming wildly towards his ship. They would have swum after him and cheered on the Crococile, but they were rather uneasy because they could not find either Peter or Wendy. After shouting to them

Luft zu nehmen, und Peter im selben Augenblick auf der anderen Seite emporklomm. Beinahe stießen sie mit den Gesichtern zusammen. Peter holte eben aus, um den Kapitän zu erstechen, da sah er, daß Kralle etwas tiefer unten stand als er. Er streckte die Hand aus, um seinem Gegner hoch zu helfen, damit sie ehrlich kämpfen könnten. Da biß der üble Kralle ihn in die Hand.

Peters Hand war schwer verletzt, weit schwerer aber seine Gefühle. Es war so entsetzlich gemein von Kralle. Allerdings konnte man von solch einem Menschen Edelmut nicht erwarten. Peter war so baff, daß er an keine Gegenwehr mehr dachte. Während er seinen furchtbaren Gegner anstarrte, schlug Kralle zweimal mit seinem eisernen Haken zu. Alles schien verloren, denn mit dem nächsten Hieb hätte Kralle den verwundeten Peter vollends erledigt, da kroch – – tick tick – – tick tick – – das Krokodil am Felsen herauf.

Kralle konnte gerade noch rechtzeitig auskneifen. Die Buben sahen ihn wie verrückt und totenbleich vor Furcht auf sein Schiff zurückschwimmen. Allzu gerne wären sie ihm nachgeschwommen und hätten das Krokodil angefeuert, aber es beunruhigte sie sehr, daß sie weder Wendy noch Peter finden konnten. Nach-

all over the lagoon, and getting no answer, they went home in the Pirates' dinghy, which was drifting about by itself.

Peter and Wendy could not answer, because they had both fainted. They were lying on the rock, and the tide was rising fast. It would soon cover the rock.

Soon they were roused by a Mermaid trying to pull Wendy into the water. Peter drew her up again. She did not seem to unterstand what danger they were in. He showed her that the rock was nearly under water. 'You see,' he said, 'it is getting smaller and smaller.'

'Then we ought to go,' said Wendy cheerfully.

'Yes,' said Peter, whose wounds were hurting badly.

'Shall we swim or fly, Peter?'

'Do you think you could swim or fly to the Island without me, Wendy?'

Wendy said she was too tired.

Then Peter had to tell her that he was too much wounded to help her. He said, 'Hook has clawed me. I can't fly, and I can't swim.'

It was quite plain that very soon they would both be drowned. It simply couldn't be helped.

And while they sat there waiting, with the water rising steadily round them, something

dem sie über die ganze Lagune hin nach ihnen gerufen hatten, ruderten sie mit dem herrenlosen Piratenboot an Land.

Peter und Wendy aber konnten nicht antworten, da sie beide bewußtlos waren. Sie lagen auf dem Felsen und die Flut stieg rasch. Bald würde sie den ganzen Felsen bedecken.

Ein Meermädchen, das versuchte, Wendy ins Wasser zu zerren, weckte sie schließlich. Peter zog Wendy wieder herauf, sie schien gar nicht zu merken, in welcher Gefahr sie schwebte. Er zeigte ihr, daß der Fels schon beinahe ganz unter Wasser stand: „Er wird immer kleiner."

„Dann sollten wir gehen", riet Wendy heiter.

„Ja", sagte auch Peter, dessen Wunden bös schmerzten.

„Wollen wir fliegen oder schwimmen, Peter?"

„Denkst Du, Du könntest ohne mich zur Insel schwimmen oder fliegen, Wendy?"

Wendy verneinte, sie sei zu müde.

Da mußte ihr Peter gestehen, daß er zu schwer verwundet sei, um ihr helfen zu können. „Kralle hat mich übel erwischt, ich kann weder fliegen noch schwimmen."

Es war ganz klar, daß sie beide bald ertrinken würden, sie sahen keinen Ausweg. Während sie so dasaßen und warteten und das Wasser

light and papery came and brushed against Peter, as if it were saying, 'Can I be any use?' It was the tail of a kite.

'It's Michael's kite,' said Peter. Michael had made it and lost it some days before.

Peter suddenly thought that it might help them. He caught the tail and pulled the kite to him - quite a big one, it was.

'It could lift Michael,' he said, 'why can't it carry you, Wendy?'

'Both of us, Peter.'

um sie stetig stieg, kam etwas leichtes Papierenes angeflogen und rieb sich an Peters Knie, als wollte es sagen: „Kann ich nicht zu etwas nützlich sein?“ Es war der Schwanz eines Papierdrachens.

„Das ist ja Michels Drachen“, sagte Peter. Michel hatte ihn selbst gebaut und vor einigen Tagen verloren. Plötzlich dachte Peter, vielleicht könnte er ihnen doch helfen. Er faßte den Schwanz und zog den Drachen her. Er war ganz ordentlich groß. „Michel konnte er tragen“, sagte Peter. „Warum sollte er Dich nicht tragen können, Wendy?“

„Uns beide, Peter.“

'No, it can't carry two - I know, because Michael and Curly tried together.'

Wendy said she wouldn't go without him. But Peter tied the tail round her, said, 'Goodbye, Wendy,' and pushed her off the rock. The kite soared up in the air; it did not seem to mind Wendy's weight one bit. In a few minutes she was out of sight, and Peter was alone on what was left above water of the rock. It was a very small bit now; only just room for his feet.

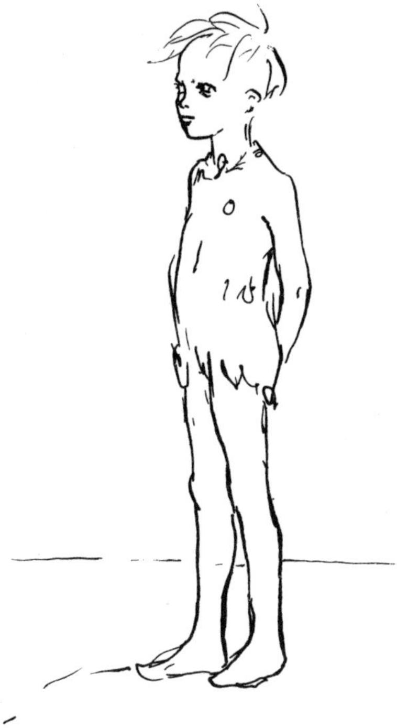

„Nein, er kann nicht zwei tragen, ich weiß es, denn Michel und Kräusel haben es einmal zusammen versucht ...".

Wendy erklärte, sie würde nicht ohne ihn gehen. Doch wortlos band Peter den Drachenschwanz um sie herum, sagte: „Leb' wohl, Wendy!" und schubste sie vom Felsen. Hoch in die Luft fuhr der Drachen. Er schien Wendys Gewicht gar nicht zu merken. In ein paar Sekunden war sie schon außer Sicht und Peter blieb allein zurück auf dem letzten Zipfel Fels, der noch aus dem Wasser herausragte. Es war jetzt nur noch ein ganz kleiner Stein, gerade genug für seine Füße.

The moon rose, and the lagoon grew lighter. The Mermaids came up from their coral caves and sang sweet, sad songs to the moon; but they never noticed Peter standing there all lonely-proudy. For just one minute he felt - well, sort of rather afraid, you know for the first time in his life. Most likely it would be the last time, too. In another minute, however, he had forgotten about being afraid. He was smiling and excited. His heart was going bump, bump, bump, like a drum beating inside him. It sounded to Peter as if it were saying, 'To die will be an awfully big adventure.'

The Mermaids, when they had sung all the songs they knew, went back one by one to their bedrooms under the sea. Peter heard the tiny bells on their doors ringing, ting-ting as the Mermaids shut their doors behind them. The waters were now lapping round his feet, and there was nothing to do but wait till they washed him off the rock. He saw a curious thing floating on the lagoon; it looked like a piece of paper. He thought it might be a part of the kite, until he noticed that it was moving against the tide. Indeed, it seemed to be trying to come up to him. And presently it did come, right up to the rock. It was not a piece of paper,

Der Mond ging auf und die Lagune wurde heller. Meerjungfern tauchten aus ihren Korallenhöhlen hervor und sangen dem Mond süßtraurige Lieder. Doch sie sahen Peter nicht dort stehen, einsam, stolz. Nur eine Minute lang fühlte er etwas wie – nun, wie Angst, wißt Ihr, zum allerersten Mal in seinem Leben und wohl auch zum letzten Mal. Im nächsten Augenblick hatte er seine Angst schon wieder vergessen. Er war aufgeregt und lächelte. Sein Herz schlug in ihm wie eine Trommel, dumpf und schwer. Und es klang, als sagte diese Trommel: Sterben ist ein ganz großes Abenteuer.

Als die Meermädchen alle Lieder, die sie wußten, gesungen hatten, ließen sie sich nacheinander zu ihren Schlafkämmerchen hinuntersinken, tief drunten im Meer. Peter hörte die winzigen Glöckchen an ihren Türen läuten, als sie sie hinter sich schlossen. Die Wellen plätscherten um seine Füße und er konnte nichts tun, als warten, warten, bis sie ihn vollends vom Felsen herunterspülen würden.

Was trieb denn da für ein seltsames Ding auf der Lagune? Es sah aus wie ein Stück Papier. Peter dachte schon, es könnte ein Stück des Drachens sein, bis er merkte, daß es sich gegen die Strömung bewegte. Wahrhaftig, es schien auf ihn zuzuhalten. Es war kein Stück Papier,

it was the Never-Bird, on her nest with eggs in it. She had managed to steer with her wings, but was very tired. She had come to rescue Peter, because (as you have heard) he had been kind to her when her nest fell out of the tree.

She told Peter that she wanted to give him her nest to get ashore in. But it took him such a long time to understand her, that they grew quite cross, and called each other names. Until at last the Never-Bird gave the nest one great shove, and flew up off the eggs. Then Peter saw what she meant, and he was really grateful. He thought it would be a shame to squash the eggs, so he put them into a deep tarpaulin hat which had been left by the Pirate Starkey during the fight. It was quite water-tight, and he set it afloat. The Never-Bird was ever so pleased. She got into the hat, Peter got into the nest, and they cheered each other like mad. Then they drifted apart from each other. And it was only a little while before Peter reached the house under the ground - nearly as soon as Wendy, who had been some time coming home, because the kite liked carrying her and had not hurried.

es war Frau Nirgendvogel auf ihrem Nest. Sie hatte es mit den Flügeln gesteuert und war davon jetzt rechtschaffen müde. Sie war gekommen, um Peter zu retten, weil er, wie Ihr schon gehört habt, freundlich gegen sie gewesen, als damals ihr Nest vom Baum in die Lagune fiel.

Sie bedeutete Peter, daß sie ihm ihr Nest geben wolle, damit er an die Küste fahren könne. Aber es dauerte so lange, bis er sie verstand, daß sie am Ende beide wütend wurden und einander beschimpften. Schließlich gab Frau Nirgendvogel ihrem Nest einen Stoß und flog von den Eiern auf. Da verstand Peter endlich, was sie wollte, und er war ihr recht dankbar, aber er dachte, es wäre eine Schande, wenn er die schönen Eier zerdrücken würde. Er legte sie in den tiefen, wasserdichten Lodenhut, den der Pirat Dickkopf in der Schlacht verloren hatte, und setzte den Hut behutsam aufs Wasser. Frau Nirgendvogel gefiel das ausnehmend. Sie setzte sich in den Hut und Peter auf das Nest und wie verrückt schrien sie einander zu. Dann trieben die Wellen sie auseinander. Peter erreichte die Erdwohnung sehr bald, fast so bald wie Wendy, die zu ihrer Heimreise lange gebraucht hatte, da der Drachen sich viel Zeit gelassen und ein Vergnügen daran gefun-

Everybody was delighted to see everybody else. And as Peter had to be bandaged, the other boys wanted bandages too. And, what with telling their adventures, and one thing and another, they were several hours late for bed. It was perfectly lovely.

CHAPTER TEN

The Redskins and the Pirates

The Redskins now became the children's best friends, especially Tiger-Lily, who could not forget how Peter had saved her from the hands of Smee and Starkey. She said: 'Peter Pan save me, me his velly nice friend. Me no let Pirates hurt him.' She and her braves sat all night and every night keeping guard above the underground house. And the Redskins also took to kneeling at Peter's feet, and calling him the Great White Father. This was very pleasant

den hatte, sie kreuz und quer herumzuschleppen.

Alle waren selig, wieder beisammen zu sein. Da Peter verbunden werden mußte, wollten die Buben natürlich alle verbunden sein. Über dem Erzählen ihrer Abenteuer und dieser und jener Einzelheit kamen sie schließlich mehrere Stunden zu spät ins Bett. Es war ein wundervoller Abend.

KAPITEL 10

Indianer und Piraten

Die Indianer wurden nun der Kinder beste Freunde, besonders Tigerlilie, die Peter nicht vergaß, daß er sie aus den Händen von Stunk und Dickkopf gerettet hatte. Sie sagte immer wieder: „Peter Pan mich gerettet, ich ssein gutt Freind. Piraten nicht weh tun ihm!" Sie und ihre Krieger saßen Nacht für Nacht über dem Erdhaus und hielten Wache. Die Rothäute knieten vor Peter nieder und nannten ihn „Großer weißer Vater". Das gefiel Peter mäch-

for Peter, and he gave himself fine airs over it. But the Redskins were nothing like so polite to the other boys. They just said, 'How do,' or something like that. Perhaps they thought Peter had done all the fighting in the lagoon by himself; but we know how the Boys had helped.

One evening, the Redskins were on guard above, and the children were having tea below. It was a make-believe tea, which is never so interesting as a real one; and there was a good deal of quarrelling going on. They kept telling tales of each other to Wendy; it was all one string of complaints:

'Slightly is coughing on the table.'

'Nibs is speaking with his mouth full.'

'Curly is trying to eat rolls and yams at once.'

'I complain of the Twins.' And so on, and so on. It was as well that Peter came in just then with some real nuts for the Boys, and the right Crocodile time for Wendy; she was particular about the time when it was getting towards bedtime - and the clock inside the Crocodile was the only one on the Island.

The Boys wanted some exercise after their large make-believe tea, and Wendy, as she sat mending a pile of stockings, said they could do

tig und er benahm sich auch äußerst vornehm. Gegen die anderen Buben aber waren die Rothäute gar nicht so freundlich. Sie sagten allenfalls: „Gutt Tak“ oder so etwas. Wahrscheinlich dachten sie, Peter habe den ganzen Kampf in der Lagune allein ausgefochten. Wir wissen indessen, daß die anderen Buben auch mitgeholfen haben.

Eines Abends hielten die Rothäute wieder Wache und die Kinder tranken unten Tee, Einbildungstee, der natürlich nie so fein ist wie richtiger. Eine große Zankerei war im Gang, jeder verklatschte den anderen bei Wendy, es wollte nimmer aufhören.

„Flüchtig hustet auf den Tisch!“ –

„Schwupp spricht mit vollem Mund!“ – „Kräusel stopft Spargeln und Wecken zugleich in den Mund!“ – „Die Zwillinge sind unartig!“ – – Und so ging es in einem fort. Es war nur gut, daß Peter gerade mit einigen richtigen Nüssen für die Buben und der genauen Krokodilzeit für Wendy hereinkam. Wendy hielt es sehr genau mit der Uhr, wenn es auf Schlafenszeit ging, und die Uhr im Krokodil war die einzige auf der ganzen Insel.

Nach dem großen Einbildungstee wollten die Buben etwas spielen. Wendy saß vor dem Riesenstapel von Strümpfen, die sie noch zu

a song and dance when their night-gowns were on. So they had a really wonderful dance, with a pillow fight mixed up in it. They tumbled over each other all round the room and pretended to be afraid of their own shadows, and banged each other with the pillows as they sang and shouted. It was the jolliest evening ever known in the house under the ground.

At last, very tired and happy, they got into bed, and asked Wendy to tell them their favourite story - the story Peter hated, the one about Mrs. Darling. This time Peter did not stop his ears, or leave the room, as usual. He stayed where he was, upon his mushroom stool.

Wendy began: 'There was once a gentleman -'

'I had rather he had been a lady,' said Curly.

'Be quiet,' said Wendy. 'There was a lady, too.'

'She isn't dead, is she?' said the Twins.

'Oh, no.'

'I am awfully glad she isn't dead,' said Tootles.

stopfen hatte. Sie schlug vor, wenn sie ihre Nachthemden anhätten, könnten sie ein Lied singen und tanzen. Sie begannen einen wundervollen Tanz, mit dem eine gewaltige Kissenschlacht verbunden war. Im ganzen Raum stolperten sie übereinander und taten, als ob sie vor ihren eigenen Schatten Angst hätten. Unter Singen und Geschrei schlugen sie mit den Kissen aufeinander los. Es war der lustigste Abend im Haus unter der Erde.

Schließlich gingen sie zu Bett, sehr müde und sehr glücklich, und baten Wendy, ihnen ihre Leib- und Magengeschichte zu erzählen, die Geschichte, die Peter haßte, die Geschichte von Mutter Liebling. Diesmal hielt sich Peter nicht wie sonst die Ohren zu oder verließ den Raum. Er blieb auf seinem Pilzschemel sitzen, mit angezogenen Knien.

Wendy begann zu erzählen: „Es war einmal ein Mann – “.

„Lieber wäre er eine Frau gewesen!“ bemerkte Kräusel.

„Sei still!“ sagte Wendy, „da war auch eine Frau“.

„Gelt, sie ist nicht tot?“ fragten da die Zwillinge.

„Ach nein doch.“

„Ich bin schrecklich froh, daß sie nicht tot

'Oh, dear!' sighed Wendy, 'do let me get on.'

'Less noise there!' cried Peter.

'The gentleman's name was Mr. Darling,' Wendy continued, 'and the lady's name was Mrs. Darling.'

'I knew them,' said John proudly.

'I think I knew them,' said Michael; but he was not really sure.

'They had three children,' said Wendy, 'and these children had a nurse called Nana. But Mr. Darling was angry with Nana, and he chained her up in the back-yard. And so all the children flew away.'

'That's an awfully good story.' said Nibs.

'They flew away,' continued Wendy, 'to the Never-Land. But they knew that their mother would always leave the window open for her children to fly back into the nursery. So they stayed away - Oh, for years - and had a most delightful time. Then they went home, and lived happy ever after.'

Here there was a deep groan from Peter, which made Wendy afraid he must be ill. She

ist", meinte Doddele erleichtert. Wendy seufzte, „ach Gott, laßt mich doch einmal weiter machen."

„Ruhe da", rief Peter. Und Wendy fuhr fort: „Der Mann hieß Herr Liebling und die Frau Frau Liebling."

„Ich habe sie gekannt" prahlte Hans.

„Ich glaube, ich habe sie auch gekannt", sagte Michel, aber er war nicht so ganz davon überzeugt.

„Sie hatten drei Kinder", fuhr Wendy fort, „und diese drei Kinder hatten ein Kindermädchen, das hieß Nana. Aber eines Tages bekam Herr Liebling auf Nana eine Wut und legte sie im Hinterhof an die Kette. Da flogen die Kinder weg."

„Das ist eine schrecklich gute Geschichte!" meinte Schwupp.

„Sie flogen weg, weit weg zum Nirgendsland. Aber sie wußten, daß ihre Mutter immer das Fenster offenstehen lassen würde, damit ihre Kinder hereinfliegen könnten ... So blieben sie lange weg – oh jahrelang – und hatten eine höchst vergnügliche Zeit. Aber schließlich kamen sie wieder heim und lebten von da an immer glücklich und zufrieden."

Da erklang ein tiefes Stöhnen von Peters Platz her, das Wendy fürchten ließ, er sei

put a kind hand on his waist, and asked him whereabouts the pain was.

'Not that kind of pain,' he told her. 'It's because you are quite wrong about mothers. They're not like that. They don't leave the window open. I know, for I flew away from home and stayed away a long, long time. I made sure I could always get in again. I've never told you before, but when I did fly back, the window was barred; my mother had forgotten me; and there was another little boy in my bed.'

This may not have been quite true, but Peter believed it. So did all the rest.

John and Michael were so alarmed at the thought of being shut out, that they cried to Wendy: 'Let us go home at once!' and clung round her.

'But not to-night!' exclaimed the Lost Boys.

'Yes – to-night, at once,' said Wendy firmly. 'Peter, will you please arrange for us to go home?'

'If you wish,' replied Peter carelessly, and he went up-tree and ordered the Redskins to take the three children to the coast. Tinker Bell was to guide them over the sea. This really pleased

krank. Sie legte ihm freundlich die Hand auf den Magen und fragte ihn, wo der Schmerz sitze.

„Es ist kein Schmerz von dieser Art; ich habe nur gestöhnt, weil Du ganz falsche Ansichten über Mütter hast, sie sind nicht so. Ich weiß es, denn ich flog fort und blieb lange aus. Ich schaute dann nach, ob ich wieder hinein könnte. Ich habe es Dir nie vorher erzählt. Doch als ich zurückkam, war das Fenster zu und in meinem Bettchen lag ein anderer kleiner Bub."

Das mochte nicht ganz stimmen, aber Peter glaubte es, und so glaubten es die anderen auch. Der Gedanke aber, ausgeschlossen zu sein, regte Hans und Michel so heftig auf, daß sie Wendy bestürmten: „Wir wollen sofort heim!" Sie hängten sich an sie wie die Kletten.

„Aber nicht heute abend!" riefen die Verlorenen Buben ganz verzweifelt.

„Doch, heute abend, jetzt gleich", sagte Wendy entschloßen.

„Peter, würdest Du bitte unsere Abreise vorbereiten?"

„Ganz wie Du willst", sagte Peter ungerührt, ging hinauf und befahl den Roten, die Kinder zur Küste zu bringen. Bimmelchen sollte sie dann über's Meer begleiten. Das gefiel ihr natürlich ausnehmend gut, aber zuerst sträubte

Tink no end; but at first she refused, and Peter had to be very stern with her.

The Lost Boys were so distressed at their mother Wendy going away, that they talked of chaining her up and keeping her prisoner. But they took care not to say this before Peter. After all, she was Peter's visitor. You can't chain up somebody else's visitor.

Peter, however, did not seem to mind losing Wendy. He did not even say, 'Must you go so soon?' or 'Do stay a little longer.' He made-believe he didn't care. And he pretended so well, that Wendy fancied he was, on the whole, rather glad to get rid of her; which was very sad, after their beautiful times together. John and Michael were ready dressed for their journey, when Wendy suddenly thought how nice it would be to invite the Lost Boys to come home with her and be adopted by Mr. and Mrs. Darling.

When she told this to the Boys, they jumped for joy. 'Peter, can we go?' they cried eagerly.

sie sich und Peter mußte sehr energisch mit ihr reden.

Die Verlorenen Buben waren so bekümmert über das Weggehen ihres Mütterchens, daß sie unter sich davon sprachen, sie anzuketten und sie als Gefangene zurückzubehalten. Aber sie hüteten sich wohlweislich, das vor Peter zu sagen, denn schließlich war sie sein Gast. Man kann den Gast eines anderen nicht so einfach in Ketten legen.

Peter selbst indes schien es nichts auszumachen, Wendy zu verlieren. Er sagte nicht einmal: „Mußt Du denn jetzt schon gehen?" oder „Bleib doch noch ein wenig!" Er tat, als ob das Ganze ihn gar nichts anginge, und er spielte seine Rolle so gut, daß Wendy sich einbildete, eigentlich sei er recht froh, sie los zu werden, was sehr traurig war nach den gemeinsamen glücklichen Tagen.

Hans und Michel waren schon für die Reise fertig angezogen, als es Wendy plötzlich einfiel, wie nett es wäre, die Verlorenen Buben einzuladen, mit ihnen heimzukommen und sich von Herrn und Frau Liebling an Kindesstatt annehmen zu lassen. Als sie das den Verlorenen Buben erzählte, sprangen sie alle in die Luft vor Freude. „Peter, dürfen wir mit?" fragten sie voller Eifer.

'All right,' said Peter. They began to look for sticks and to pack up bundles. But when Wendy told Peter to get his things, he skipped about the room, playing on his pipes, and said he wasn't coming with her. He meant to stay always a little boy, and have fun in the Never-Land.

'If you find your mothers,' he said to the Lost Boys, 'I hope you will like them!' They remembered that Peter did not think much of mothers. Wendy hoped, though, to the very last minute, that Peter would change his mind. She put his medicine ready for him, carefully counting the drops - it was only water, but you can't be too particular with medicine; and she made him promise to change his clothes if he got wet. And still she hoped he would say something nice. But he shook hands with her cheerfully, and shouted to Tinker Bell to lead the way. 'Now then, no fuss,' he cried to the Boys. 'Good-bye, Wendy!'

She answered in a choky voice: 'Good-bye Pete - ' But she never finished his name. For the most fearful, frightful, fierce and furious noise

„Klar“ sagte Peter. Gleich begannen die Buben nach Stöcken zu suchen und ihre Bündel zu schnüren. Aber als Wendy selbst sagte, er solle seine Sachen herrichten, hüpfte er im Zimmer umher, spielte auf seiner Flöte und sagte, er komme nicht mit, er wolle immer ein kleiner Bub bleiben und im Nirgendsland ein fröhliches Leben führen. „Wenn Ihr Eure Mütter findet“, sagte er zu den Verlorenen Buben, „hoffe ich, daß Ihr sie gerne habt.“ Sie wußten wohl, daß Peter nicht viel von den Müttern hielt. Wendy freilich hoffte noch bis zum letzten Augenblick, Peter würde sich eines anderen besinnen. Sie richtete ihm seine Arznei hin, vorsichtig die Tropfen zählend – es war ja nur Wasser, aber mit Arznei kann man nie vorsichtig genug umgehen, – und sie nahm ihm das Versprechen ab, seine Kleider zu wechseln, wenn sie naß geworden seien. Immer noch hoffte sie, er würde zum Abschied etwas Nettes sagen. Aber Peter schüttelte ihr nur fröhlich die Hand und rief Bimmelchen, sie zu führen.

„Nur keinen Krampf jetzt!“ rief er den Buben zu.

„Leb wohl, Wendy!“

Sie antwortete mit tränenerstickter Stimme: „Leb wohl, Pet---“Aber sie sprach seinen Namen nicht aus, denn über ihren Köpfen brach

broke out above their heads. The Pirates had attacked the Redskins!

The air was full of deafening screeches, yells, war-cries, bangs of muskets, clashes of steel. And the sound of heavy trampling feet rushing to and fro made the ground shake.

Everybody down below was shaking too – except Peter. Everybody's face was pale, everybody's mouth was open, everybody's feet were stone cold – except Peter's. Peter was feeling as brave as anything. He took his sword in his hand, and his eyes grew very bright and sparkling.

CHAPTER ELEVEN

The bravery of Tinker Bell

Hook and his horrible crew had behaved most unfairly to the brave Redskins. Of course, you would expect Hook to be unfair; look at the way he bit Peter! But the Redskins were taken quite by surprise, because for hundreds of years it had always been they who attacked the

nun der furchtbarste, wildeste, wütendste Lärm los.

Die Luft bebte von ohrenbetäubendem Geschrei, gellenden Rufen, Kriegsgeheul, Gewehrschüssen und Stahlgeklirr. Schwere trampelnde Füße, die hin und her rannten, erschütterten die Erde. Auch die Leutchen unter der Erde erzitterten alle – – – außer Peter. Die Gesichter waren bleich, die Münder standen offen, alle hatten eiskalte Füße, – – – außer Peter. Peter fühlte sich pudelwohl, er nahm sein Schwert zur Hand und seine Augen fingen an, gewaltig zu funkeln und zu sprühen.

KAPITEL 11

Bimmelchens große Tat

Kralle und seine gräßliche Mannschaft hatten sich gegen die braven Rothäute ganz abscheulich gemein benommen. Doch sicher habt Ihr von Kralle nichts anderes erwartet als Gemeinheit. Denkt nur daran, wie er damals Peter in die Hand biß. Die Rothäute waren aus allen Wolken gefallen, denn seit Hunderten

whites first, before daybreak. They never dreamed that the whites would attack them, in an evening. So they were not ready for a big fight; and most of them were killed, while the rest only just managed to run away. You will be glad to hear that Tiger-Lily escaped.

But the children, down under ground, knew nothing of all this. They listened in dead silence to the awful row going on above. And Peter, when things got a bit quieter, told the others: 'If the Redskins have won they will beat their tom-tom. They always do if they have had a victory.'

Hook was listening down the chimney, and when he heard this he had the tom-tom beaten at once, so as to play a trick on the children. For it was not the Redskins he was really after, but the Boys and Peter Pan. The tom-tom sounded twice; then Hook heard Peter crying, 'An Indian victory!' and the children answering: 'Hurray!' Hook wondered why they also said,

von Jahren waren sie es immer gewesen, die, ehe der Tag graute, die Weißen angriffen. Sie hatten nie im Traum daran gedacht, daß eines Tages die Weißen sie so angreifen würden, drum waren sie nicht für eine große Schlacht gerüstet gewesen. Die meisten von ihnen wurden getötet und der Rest kam gerade noch mit dem nackten Leben davon. Es wird Euch freuen zu hören, daß auch Tigerlilie entkam.

Von all dem wußten die Kinder unter der Erde nichts. In tödlichem Schweigen lauschten sie auf die furchtbare Schlacht, die über ihren Köpfen stattfand. Als es wieder ruhig wurde um sie herum, belehrte sie Peter: „Wenn die Rothäute gesiegt haben, schlagen sie die Trommel. Das tun sie immer, wenn ein Sieg errungen worden ist."

Leider horchte gerade in diesem Augenblick Kralle durch den Kamin herunter, und als er Peters Rede vernahm, ließ er sofort die Trommel schlagen, um die Kinder hinter's Licht zu führen. Denn in Wirklichkeit stellte er ja gar nicht den Rothäuten nach, sondern Peter Pan und seinen Verlorenen Buben. Zweimal erdröhnte die Trommel, dann hörte Kralle Peter schreien: „Hurrah, die Indianer haben gesiegt!" Und die Kinder antworteten: „Hurrah!" Gerne aber hätte Kralle gewußt, warum sie auch „Leb'

'Good-bye, Peter.' But he and his gang were only waiting to pounce upon them. The children came hurrying up the hollow trees - and were seized at once by the sly, deceitful Pirates. They were thrown from one hand to another, till they reached the Blackamoor. He gagged every one of them, and tied them like a parcel.

Wendy was the last to come out of her tree; and there were all her Boys taken prisoner. Hook bowed, much too politely, and made her take his arm. Soon she, too, was tied and gagged. Then Hook had the nine children chucked all anyhow into the Little House, and it was carried off to the ship by four Pirates, while the rest marched behind, bellowing their hateful song.

Hook returned to hunt for Peter; and he managed to get down the hollowest tree, which was Slightly's. Slightly had got so swelled out with always drinking a lot of water when he was hot (a dangerous thing to do), that he had secretly enlarged his tree to fit him. Otherwise Hook could never have squeezed in.

The Pirate captain peeped through a chink when he came to the bottom of the tree. There

wohl, Peter" sagten. Dann wartete er mit seiner Bande draußen, über sie herzufallen.

Die Kinder eilten die hohlen Bäume hinauf und wurden sofort eins nach dem andern von den schlauen, heimtückischen Piraten gefaßt, von Hand zu Hand geworfen, bis sie bei Mohr anlangten, der sie alle knebelte und verschnürte wie Weihnachtspakete.

Wendy kam zuletzt aus ihrem Baum heraus. Schon alle ihre Buben waren gefesselt. Kralle verbeugte sich überhöflich vor ihr und bot ihr seinen Arm. Doch bald war auch sie gebunden und geknebelt. Dann ließ Kralle die neun Kinder alle in das kleine Haus werfen und von vier Piraten mitsamt dem Haus zum Schiff tragen. Die übrige Mannschaft marschierte hinterdrein und gröhlte ihr häßliches Lied.

Kralle aber blieb, um nach Peter zu suchen, und er brachte es fertig, den hohlsten Baum hinunter zu kommen. Flüchtig hat die gefährliche Angewohnheit gehabt, immer eine Unmenge Wasser zu trinken, wenn ihm heiß war. .... Davon wurde er so aufgeschwemmt, daß er heimlich seinen Baum so ausgehöhlt hatte, daß er ihm paßte. Sonst hätte Kralle sich niemals da hinunterzwängen können.

Durch einen Spalt guckte der Piratenkapitän in den großen Raum, als er am Grund des Bau-

was Peter, asleep in the big bed. And he looked so sweet as he lay asleep that Hook felt almost kind towards him – for half a minute. But, unfortunately, Peter also looked so disgustingly conceited that Hook began to hate him more than ever. If there was one thing that Hook really could not stand, it was somebody else being conceited.

He found he was unable to open the room door. But he had a bottle of deadly poison in his pocket, and he reached his arm through the chink and poured five drops into Peter's medicine. Wendy had put the dose there all ready for Peter to take, but he had left it on purpose, because he thought it would have annoyed her if she knew.

Hook was sure now that he had done for Peter; and he climbed up the tree again, feeling extremely contented.

Peter slept till ten o'clock or so; then he sat up in bed and cried, 'Who's that?' for he heard someone tapping at the door. He grasped his dagger and cried again, 'Who are you?'

Then a soft, low tinkle answered him: 'Let me in, Peter.'

mes angekommen war. Da lag Peter in tiefem Schlaf auf dem großen Bett ausgestreckt. Er sah so nett aus, daß Kralle beinahe freundlich gegen ihn empfand – – – eine ganze halbe Minute lang. Doch leider sah Peter dabei auch so eingebildet aus, daß Kralle ihn mehr denn je zu hassen begann. Wenn irgend etwas, so konnte Kralle es am wenigsten ertragen, wenn jemand anderes eingebildet war.

Er fand bald, daß er die Zimmertüre nicht öffnen konnte, doch er hatte immer eine Flasche Gift bei sich. Er streckte seinen Arm durch den Schlitz und goß fünf Tropfen davon in Peters Arznei. Wendy hatte sie bereitgestellt, aber Peter hatte sie mit Fleiß stehen lassen, weil er dachte, es hätte sie sicher geärgert, wenn sie es gewußt hätte.

Kralle war nun davon überzeugt, daß er Peter erledigt habe. Mit dem Gefühl größter Befriedigung kletterte er wieder den Baum hinauf.

Peter schlief bis gegen Zehn Uhr oder so. Dann saß er in seinem Bett auf und rief: „Wer ist da?“, denn er hörte jemand sachte an die Tür pochen. Er griff nach seinem Dolch und rief wieder: „Wer bist Du?“

Ein sanftes leises Klingeln antwortete: „Laß mich ein, Peter.“

Tinker Bell! How could it be, when she had gone over the sea as a guide with the children?

But it was. She was ruddy, and muddy, and excited. In two Crocodile-ticks she had told Peter how Wendy had been captured with the Boys.

Peter cried, 'I'll rescue her.' But, as he rushed for his sword and dagger, he noticed his medicine. He thought, 'I may as well take it before I go. Perhaps I may never come back, and then the medicine will be wasted.'

Just as he was putting his hand on the cup, Tink shrieked, 'No! don't!'

'Why not?'

'Hook has poisoned it.'

'Nonsense! How could Hook get down here?'

Tink could not explain that; but she said she had heard Hook muttering to himself in the forest, and boasting that he had poisoned Peter.

Peter said: 'That's perfect rubbish. Hook could not have been here without my seeing him: and I haven't been to sleep.'

Tink could not stop to argue. She got between his lips and the cup, and drank the medicine at one gulp.

Bimmelchen? Wie konnte das sein, wenn sie als Führerin mit den Kindern über's Meer geflogen war?

Und sie war es doch. Ganz rot war sie im Gesicht und ganz verdreckt und aufgeregt. In zwei Krokodilssekunden hatte sie erzählt, wie Wendy mit den Buben gefangen genommen worden war.

Peter rief sofort: „Ich werde sie retten." Doch als er nach Schwert und Dolch griff, bemerkte er seine Arznei. Er dachte, vielleicht komme ich nie mehr zurück und dann ist die Arznei für die Katz. Ich nehme sie lieber jetzt!"

Gerade wollte er die Hand nach dem Becher ausstrecken, als Bimmelchen kreischte:

„Nein, trink's nicht!"

„Warum nicht?" „Kralle hat sie vergiftet."

„Unsinn, wie hätte er denn da herabkommen können?"

Bimmelchen konnte das auch nicht erklären. Aber sie sagte, sie habe Kralle im Walde prahlerisch vor sich hinmurmeln hören, daß er Peter vergiftet habe.

Peter sagte: „Das ist ja Quatsch! Kralle kann nicht hier gewesen sein, ohne daß ich ihn gesehen hätte, denn ich habe nicht geschlafen!"

Bimmelchen ließ sich auf keine Unterhaltung darüber ein. Mit einem Satz war sie zwi-

Then she turned pale and staggered, while Peter was shouting, 'How dare you drink my medicine!'

'It was poisoned,' Tink whispered faintly. She managed to flutter to her little room in the wall, and sank upon her couch. Her light grew weaker every moment. Peter knelt by her tiny doorway, and sobbed: 'Oh, Tink, you did that to save me!' He could see that she was nearly dead. If her light went right out, nothing could save her.

Then he thought he heard her whispering in a wee thin voice, that she thought she might

schen seine Lippen und den Becher gefahren und hatte die Arznei auch schon in einem Zug hinuntergeschluckt.

Dann wurde sie blaß und taumelte, während Peter rief: „Wie kannst Du es wagen, meine Arznei zu trinken!"

„Sie w a r vergiftet!" flüsterte Bimmelchen schwach. Sie flatterte eben noch zu ihrem kleinen Raum in der Wand und sank auf ihr Lager.

Ihr Licht wurde mit jedem Augenblick schwächer und schwächer. Peter kniete vor ihrer kleinen Tür und schluchzte: „Oh Bimmelchen, das hast Du für mich getan, um mich zu retten?" Er konnte sehen, daß sie schon beinahe tot war. Wenn ihr Lichtlein vollends erlosch, konnte nichts mehr sie retten. Da vermeinte er, sie mit dünner Stimme flüstern zu hören, sie glaube, es würde ihr wieder besser werden, wenn die Kinder sagten, daß sie wieder an Elfen glauben.

get well again if children said they believed in fairies.

And he called out to all the children in the world: 'If you believe in fairies, clap your hands! Hurry, or Tink will die! Do you believe?'

There was a sound of clapping – it was far away, but certainly it was clapping, quite a lot of clapping. It stopped as suddenly as it began; and behold, Tink was well again! Her light grew bright again, her tinkle came back, and she popped out of bed and went flashing round the room. Peter felt it was quite safe to leave Tink now, while he set out to rescue Wendy.

He had no notion whereabouts to look for her; for Tink was not sure which way the prisoners had been taken. Snow had fallen, so Peter could see no footmarks. He could not hear a sound, or notice anything moving, until the Crocodile passed him, trailing itself slowly and steadily.

Peter decided to follow the Crocodile. He knew it was on the track of Hook.

'It is Hook or me this time!' thought Peter. 'One or other has got to be killed!' And, feeling very cheerful, very happy, and very conceited, he went crawling cautiously after the Crocodile.

Und Peter rief hinaus zu allen Kindern der Welt: „Wenn Ihr an Elfen glaubt, dann klatscht in die Hände! Schnell! Sonst stirbt Bimmelchen. – Glaubt Ihr an Elfen?"

Da kam es wie ein Rauschen von Händeklatschen von weit weit her, aber deutliches Händeklatschen von vielen vielen Kinderhänden. So plötzlich, wie es gekommen war, hörte es auch wieder auf. Und siehe da, Bimmelchen fühlte sich wieder wohl, ihr Licht fing wieder an zu leuchten, ihr Klingeln klang wieder und wie der Blitz schoß sie aus dem Bett und flog im Raum umher. Peter sah, daß man sie jetzt unbesorgt allein lassen konnte und machte sich auf, Wendy zu befreien.

Er hatte keine Ahnung, wo die Gefangenen hingebracht worden waren. Es war Schnee gefallen, so daß man nicht einmal Fußspuren entdecken konnte. Stille überall und nichts bewegte sich im Gebüsch. – Da schlich das Krokodil an Peter vorbei, sich langsam und stetig dahinschleppend. Peter beschloß, ihm zu folgen, da er es auf Kralle's Spur wußte. „Diesmal gilt's: Entweder Kralle oder ich. Einer von uns beiden muß dran glauben", dachte er, und vorsichtig kroch er dem Krokodil nach, fröhlich, glücklich und sehr zuversichtlich.

CHAPTER TWELVE

The fight on 'The Jolly Roger'

The Pirate brig, The Jolly Roger, had only one green light showing that dark night, and not a man on guard, for nobody was likely to attack her. The Redskins were defeated, the Boys were captured, the Wild Beasts could not swim, and the Mermaids had other things to think about.

So the Pirates were lying about the deck doing next to nothing; and Captain Hook was pacing to and fro. He was gloomier than ever. Very likely it was because he had no enemies left to keep him lively (for, of course, he believed he had poisoned Peter). Anyhow, he was feeling very dull.

By and by, to amuse himself, this ill-tempered man had all the eight Boys dragged up from the hold and set in a line before him. The gags and ropes had been removed, but each boy was chained so that he could not fly.

KAPITEL 12

Die Schlacht auf dem „Bruder Lustig"

Die Piratenbrigg, der „Bruder Lustig", zeigte in dieser dunklen Nacht nur ein einziges grünes Licht. Keine Wache war aufgestellt. Die Piraten hatten nichts mehr zu befürchten. Die Roten waren besiegt, die Buben gefangen, die Raubtiere konnten nicht schwimmen und die Meerjungfern überfielen das Schiff ganz sicher nicht.

So lagen die Piraten auf Deck herum und stahlen dem lieben Herrgott die Zeit ab. Nur Kapitän Kralle schritt düsterer denn je auf und ab. Sehr wahrscheinlich darum, weil er keine Feinde mehr hatte, die ihn in Bewegung hielten. Er glaubte ja, er habe Peter vergiftet. Jedenfalls langweilte er sich sehr.

In seiner verdrießlichen Laune ließ er alle acht Buben vom Laderaum heraufholen und in eine Reihe vor ihn hinsetzen, um sein Vergnügen zu haben. Stricke und Knebel waren entfernt worden, aber jeder Bub war an eine Kette geschloßen, so daß er nicht wegfliegen konnte.

Hook told them, 'I am going to make six of you walk the plank to-night' - 'drown you,' he meant - 'but I have room for two cabin boys.'

The Boys didn't say, 'Oh!' but that is what they thought. Just 'Oh!'

Hook was impatient. He growled: 'Well, which of you will come along with me in the good ship The Jolly Roger?'

Tootles stepped forward and replied politely that he didn't think his mother would like him to be a pirate. He winked at Slightly, who said exactly the same. So did Nibs; so did one of the

Kralle sagte ihnen: „Ich werde heute abend sechs von Euch über die Planke laufen lassen", ersäufen meinte er, „aber ich habe noch Platz für zwei Kajütenjungen."

Die Buben sagten zwar nicht „autsch", aber sie dachten es.

Kralle wurde ungeduldig, er knurrte: „Nun, wer von Euch will bei mir auf dem „Bruder Lustig" anmustern?"

Doddele trat vor und sagte höflich, er glaube, seine Mutter würde es nicht gerne sehen, wenn er Pirat würde. Er zwinkerte Flüchtig zu, der vortrat und genau dasselbe sagte. Auch

Twins. Hook was too much vexed to ask the others. He picked out John and Michael, who were, he thought, somehow different from the rest; and they were rather pleased at the idea of being pirates. Hook said they should be called Redhanded Jack and Blackbeard Joe., Indeed, they had nearly settled to join his crew - but they found, before it was too late, that if they did, they would have to cry: 'Down with the King!'

Then they both flatly refused.

Hook and his crew were furious. They boxed the boys' ears, and Hook roared: 'Get the plank ready. And bring up their mother to see them die.'

Wendy saw Hook looking very black, and her boys looking very white. She also saw the dirtiest, dingiest, grimiest deck that ever hadn't been cleaned for years.

She thought, 'What pigs these Pirates are!'

Hook spoke to her in his horrid polite way: 'Now you are about to see your children walk

Schwupp sagte dasselbe und einer der Zwillinge auch. Da wurde Kralle blitzwütend und wollte keinen mehr hören. Er zog Hans und Michel heraus, da er von ihnen annahm, daß sie sich von den anderen irgendwie unterschieden. Die Idee, Pirat zu sein, gefiel den beiden gar nicht einmal so übel. Kralle sagte, daß sie „Hannes mit der roten Hand" und „Sepp Ohnebart" heißen sollten. Sie hatten wahrhaftig schon beschlossen, in seine Mannschaft einzutreten, als ihnen gerade noch zur rechten Zeit einfiel, daß sie ja dann rufen müßten: „Nieder mit dem König!" Da lehnten sie beide ganz entschieden ab.

Kralle und seine Mannschaft kochten vor Wut. Sie gaben den Buben Kopfnüsse und Ohrfeigen und Kralle brüllte: „Macht die Planke fertig und bringt ihre Mutter herauf, daß sie sie sterben sieht!"

Wendy sah gleich, daß Kralle sehr düster und ihre Buben sehr bleich dreinsahen. Das Deck, auf das sie blickte, war schon jahrelang nicht mehr geschrubbt worden. Es war das dreckigste, schmierigste und rußigste Deck, das man sich vorstellen konnte. „Was sind die Piraten doch für Schweinigel!" mußte sie denken.

Kralle sprach zu ihr in seiner gräßlich höflichen Art: „Madame, Sie werden jetzt Ihre Kin-

the plank. Silence, every one! Let us hear a mother's last words to her children.'

Wendy glanced at Hook with such scorn that he nearly fainted. She said: 'My last words, dear boys, are a message from your real mothers. If they were here they would say, 'We hope our sons will die like English gentlemen.''

'I am going to do what my mother hopes,' cried Tootles.

'So am I,' said Nibs.

'So am I,' said a Twin.

der über die Planke spazieren sehen. – Stille da, wir wollen einer Mutter letzte Worte an ihre Kinder hören!“

Wendy warf Kralle einen so verachtungsvollen Blick zu, daß er fast in Ohnmacht gesunken wäre. Sie sprach: „Meine letzten Worte an Euch, liebe Söhne, sind eine Botschaft von Euren richtigen Müttern. Wenn sie hier wären, würden sie sagen: Wir hoffen, daß unsere Söhne als echte Briten zu sterben wissen.“

„Ich werde tun, was meine Mutter von mir hofft“, rief Doddele. „Ich auch“ rief Schwupp. „Und ich“ rief ein Zwilling.

Before the others could answer, Hook, in a fearful rage, bade Smee tie Wendy to the mast. And the Boys stared at the plank which they had got to walk. The end, where it left off, was over deep water; and that was to be the end of them, too. They felt miserably cold and shaky, and getting less like English gentlemen all the time. Hook was about to order them to move one by one along the plank; but first he thought he would hold Wendy's head fixed, so that she

Doch ehe auch die andern antworten konnten, befahl Kralle wütend, Wendy an den Mast zu binden. Die Buben starrten auf die Planke, über die sie nun laufen sollten. Das eine Ende der Planke war über tiefem Wasser. Dort würde es auch mit ihnen zu Ende sein.

Sie hatten ein elendes Gefühl von Kälte am ganzen Leib und die Kniee schlotterten ihnen erbärmlich. Immer weniger kamen sie sich als echte Briten vor. Kralle wollte ihnen gerade befehlen, einer hinter dem andern die Planke vorzulaufen. Doch zuerst, meinte er, wolle er Wendy den Kopf festhalten, damit sie es alles genau mit ansehen mußte. Wie er gerade auf

couldn't help seeing them. As he stepped towards her, grinning hatefully -

Tick, tick, tick, tick.

Hook fell in a heap on the deck. If the Crocodile was wriggling aboard, he could not possibly escape. The crew gathered round him to hide him, if they could. They could fight poor harmless children, but they were afraid to tackle the Crocodile.

The eight Boys got away from the plank, and rushed to the ship's side to watch the Crocodile climbing up.

But it wasn't the Crocodile. It was Peter, ticking as loud as he could. He made a sign to them not to cry out, and climbed up to the deck. When he saw the Pirates trying to hide Hook, he was astonished, for Hook seemed quite limp and scared, as if he had heard the Crocodile coming.

Now, as it happened, the Crocodile had lost its tick that night. Its clock had run down; and Peter had been doing the ticking himself, so as to pass safely through the Wild Beasts. The Crocodile was lonely without its tick, so it followed Peter.

Wendy zuschritt, haßerfüllt grinsend, hörte man plötzlich:

tick tick . . tick tick . . tick tick . .

Kralle fiel rücklings auf einen Haufen Taue. Wenn das Krokodil an Bord kam, war er verloren. Die Mannschaft scharte sich um ihn, um ihn zu verbergen. Arme unschuldige Kinder konnten sie bekämpfen, aber es mit einem Krokodil aufzunehmen, das wagten sie nicht.

Die acht Buben liefen zur Reeling, um das Krokodil heraufklettern zu sehen. Aber es war gar nicht das Krokodil. Es war Peter, der tickte so laut er nur konnte. Er gab ihnen ein Zeichen, nicht zu schreien, und kletterte an Deck. Als er sah, wie die Piraten Kralle zu verbergen suchten, staunte er sehr. Kralle schien ganz willenlos und vom Schreck wie gelähmt, als habe er das Krokodil wirklich kommen hören.

Nun hatte das Krokodil aber in dieser Nacht sein Ticken verloren. Die Uhr war abgelaufen. Peter selbst hatte getickt, um sicherer durch die Raubtiere hindurchzukommen. Das Krokodil aber hatte sich ohne sein Ticken so einsam gefühlt, daß es Peter nachgefolgt war.

A Pirate came up from below; Peter struck deep with his dagger. The Boys threw the body overboard.

'That's one,' said Slightly.

Peter tip-toed into the cabin. The ticking stopped. Smee told Hook that the Crocodile had gone. Hook stood up, and began to croak a verse of the Pirate song, to frighten the Boys before he drowned them:

> 'Yo-ho, yo-ho, the frisky plank.
> You walks along it so,
> Till it goes down and you goes
> down. To Davy Jones below!'

Even worse, he took to dancing and pulling faces at the children; and worst of all, he commanded that they should first be flogged with the cat-o'-nine-tails and then walk the plank. He told one of the crew, Jukes, to fetch the cat- o'-nine-tails out of the captain's cabin.

Jukes went for it, and suddenly there was a piercing scream. It was followed by a ringing crow.

'What was that? said Hook.

'Two', said Slightly.

Cecco the Italian went into the cabin and came out in a hurry. He gasped: 'The cabin is as

Ein Pirat kam von unten herauf. Peter stach kräftig zu. Die Buben warfen den Toten über Bord.

„Nummer Eins“ zählte Flüchtig.

Auf Zehenspitzen schlich Peter zur Kajüte. Das Ticken hörte auf. Stunk sagte zu Kralle, das Krokodil sei gegangen. Kralle stand auf und begann sofort einen Vers des Piratenliedes zu krächzen, um den Buben Angst einzujagen, ehe er sie ersäufen würde:

Ha, haha, unser lustig Brett,
man tanzt darauf so wundernett,
wenn es saust ab und zu dazu,
schafft Dir der Haifisch gute Ruh.

Immer toller trieb er es. Er fing an, herumzutanzen und den Kindern Gesichter zu schneiden. Schließlich befahl er gar, daß sie zuerst mit der neunschwänzigen Katze ausgestäupt werden und dann erst über die Planke laufen sollten. Einen aus seiner Mannschaft, Jux, hieß er die Neungeschwänzte aus der Kajüte zu holen. Jux ging und plötzlich erscholl ein durchdringender Schrei. Ein weithin hallender Jauchzer folgte.

„Was war das?“ fragte Kralle.

„Nummer Zwei“ sagte Flüchtig. Cecco, der Italiener, ging in die Kajüte und kam eilends

black as a pit, and Bill Jukes is stabbed; and a terrible thing is in there, crowing.'

'Fetch it out,' said Hook. Cecco was afraid to refuse; Hook's claw was too near him. He crept into the cabin. There was another yell and another crow.

'Three,' said Slightly.

'Someone has got to fetch out the doodle-doo,' said Hook. 'I think it will be Starkey.' But Starkey jumped overboard rather than obey orders.

'Four,' said Slightly.

Then Hook went in, and Slightly was waiting to say 'Five,' but Hook appeared again, and said something had blown his lantern out.

And the crew, seeing what a cowardy-custard their captain was, began to turn against him. Hook was very angry at their jeering, and he thought, as he could not punish the men, he would pay out the children. He ordered them all (except Wendy, who was still tied to the mast) to be shut up in the dark cabin. He said: 'Let them and the doodle-doo kill each other.'

wieder herausgelaufen. Er keuchte: „Die Kajüte ist finster wie ein Kohlenschacht und Bill Jux liegt erstochen. Ein schreckliches Ding ist drin, das schreit."

„Bring's heraus!" sagte Kralle. Cecco wagte nicht, zu widersprechen. Kralles Haken war zu nahe. Er schlich in die Kajüte, wieder ein gellender Schrei und Triumphgeheul.

„Nummer Drei" zählte Flüchtig.

„Irgend jemand muß diesen Jodler herausholen!" sagte Kralle.

„Ich denke, es wird Graf Dickkopf sein." Doch der sprang lieber über Bord, als daß er dem Befehl nachgekommen wäre.

„Nummer Vier" zählte Flüchtig.

Nun ging Kralle selbst hinab und Flüchtig spitzte schon den Mund, um „Nummer Fünf" zu sagen. Doch Kralle erschien wieder und sagte, etwas habe ihm die Laterne ausgeblasen.

Als die Mannschaft sah, welch ein Hasenfuß ihr Kapitän war, begann sie gegen ihn zu murren. Kralle ärgerten ihre spöttischen Mienen sehr, doch da er seine Leute nicht strafen konnte, dachte er, es die Kinder büßen zu lassen. Er ließ sie alle, außer Wendy, die immer noch an den Mast gebunden war, in die dunkle Kajüte einsperren. „Der Jodler und die Buben sollen sich gegenseitig umbringen", meinte er. Dann

Then the captain and the Pirates listened hard. They hoped they would hear eight screeches.... But the minute the Boys were in the cabin with Peter, he unlocked their chains with a key he had found there, and armed them with Hook's best weapons. They stole out and hid about the deck, while Peter cut the cords round Wendy, sent her to hide, and stood by the mast, where she had been, with her cloak wrapped round him.

Then he gave a most enormous crow.

When the Pirates heard this crow, they thought it meant that the eight Boys had been slaughtered by the doodle-doo thing in the cabin. And they were frightened nearly out of their wits. They began to blame Hook for everything, and to say openly that a man with an iron claw brought bad luck to a ship.

But Hook said: 'Oh, no, it all comes from having a girl on board. That always was unlucky for a pirate vessel. Fling her overboard,' he cried, pointing to Wendy (as he thought).

The Pirates would have liked to keep Wendy for their mother. But they were so used to doing what Hook told them, that they rushed at the

horchten die Piraten und ihr Kapitän angestrengt. Sie hofften, acht Schreie zu hören ..., aber in dem Augenblick, da die Buben bei Peter in der Kajüte waren, schloß er ihnen mit einem Schlüssel, den er da gefunden hatte, die Ketten auf und bewaffnete sie mit Kralle's besten Waffen. Leise stahlen sie sich hinaus und versteckten sich überall auf Deck, während Peter die Stricke um Wendy herum zerschnitt, sie in ein Versteck schickte und sich selbst mit ihrem Mantel bekleidet an den Mast stellte, wo sie vorher gestanden hatte. Dann stieß er einen langen Schrei aus.

Als die Piraten den Schrei hörten, meinten sie, er bedeute, daß der Jodler in der Kajüte die acht umgebracht habe. Da vergingen sie fast vor Furcht. Für alles begannen sie Kralle zu schmähen und offen heraus zu sagen, ein Mann mit einer Eisenklaue bringe einem Schiff immer Unglück.

Doch Kralle sagte: „Nein, es kommt davon, daß wir ein Mädchen an Bord haben. Das war immer ein Unglück für eine brave Piratenbrigg. Werft sie über Bord!" rief er und deutete dahin, wo nach seiner Meinung Wendy stand.

Die Piraten hätten Wendy ja gerne als Mutter behalten, aber sie waren es so gewöhnt, zu tun, was ihnen Kralle befahl, daß sie sofort auf die

figure by the mast, saying, 'No one can save you now, missy!'

'There's one who can,' replied the cloaked figure.

'Indeed! Who?'

'Peter Pan!' Down fell the cloak, and Hook, with staring eyes, beheld his worst enemy.

The Pirate captain and his crew understood now who it was that had been stabbing and crowing in the cabin, and they did not see how they had any chance against such a boy as that. However, Hook commanded his men to cut Peter down; Peter called his Boys around him, and a furious fight took place. The Pirates could easily have won if they had kept together. But what with one thing and another, they had quite lost their heads. They were killed and thrown overboard, quicker than Slightly could count them. Until at last there was no one left alive but Hook.

The Boys were too excited to remember their promise to Peter about not attacking Hook. They were striking at him savagely from all sides, when Peter dropped in among them and cried: 'Halt! This man is mine!'

There was never a fiercer battle than what now was seen. Hook had his great sword and

Gestalt am Mast zueilten mit den Worten: „Jetzt kann sie leider niemand mehr retten, Fräuleinchen!“

„Doch, einer kann's!“ antwortete die Gestalt im Mantel.

„Wirklich? Wer denn?“

„Peter Pan.“ Der Mantel fiel und Kralle erblickte mit hervorquellenden Augen seinen schlimmsten Feind. Jetzt verstanden Kapitän und Mannschaft, wer in der Kajüte den Dolch geführt hatte. Sie sahen keine Möglichkeit, gegen solch einen Burschen aufzukommen. Dennoch befahl Kralle seinen Leuten, Peter niederzuhauen. Peter rief seine Buben um sich und ein wilder Kampf entbrannte. Die Piraten hätten leicht gewinnen können, wenn sie zusammengehalten hätten, aber sie hatten vollständig den Kopf verloren. Sie wurden schneller getötet und über Bord geworfen, als Flüchtig zählen konnte. Schließlich war keiner mehr am Leben als Kralle allein.

Die Buben waren zu aufgeregt, um sich an ihr Versprechen zu erinnern, Kralle nicht anzugreifen. Wild hieben sie von allen Seiten auf ihn ein, bis Peter mitten unter sie sprang und schrie: „Halt, halt, dieser Mann gehört mir!“

Einen wilderen Kampf wie den, der nun folgte, hat es wohl noch nie gegeben. Kralle hatte

his iron claw; Peter had his small sword and his little dagger. It was hard to say which was the quicker and the cleverer. But at last Hook was wounded, and caught sight of his own blood, which, as you know, was a very ugly colour, and always upset him. And the long and short of it is, the wicked Hook saw he was getting the worst of it. And when he had even tried to blow up the powder magazine and failed - then, rather than face Peter's dagger and the sight of his own blood any longer, he cast himself straight into the sea.

The Crocodile, which had silently followed Peter to the ship, had lost its tick, but it found Jas. Hook. This shows that, if you wait long enough, you will get whatever you have waited for. It never does to be too impatient.

sein großes Schwert und seine eiserne Kralle, Peter seinen kleinen Degen und den winzigen Dolch. Es war wirklich schwer zu entscheiden, wer von beiden der schnellere und gewandtere war. Doch schließlich wurde Kralle verwundet und erblickte sein Blut, das, wie Ihr schon wißt, eine abscheuliche Farbe hatte und ihn schon immer aus der Fassung gebracht hatte. Kurz und gut, der böse Kralle sah ein, daß er den kürzeren ziehen würde, und als er vergeblich versucht hatte, das Pulvermagazin in die Luft zu sprengen, stürzte er sich lieber ins Meer, als daß er den Anblick von Peters Dolch und den noch gräßlicheren Anblick seines eigenen Blutes noch länger ertragen hätte.

Das Krokodil, das Peter stillschweigend nachgefolgt war, hatte sein Ticken verloren, aber es hatte Kaspar Kralle gefunden. Woraus Ihr seht, daß man alles erreicht, was man will, wenn man nur lange genug wartet. Es ist unnütz, ungeduldig zu sein.

CHAPTER THIRTEEN

The children home again

It was perfectly splendid for Peter and the Boys to have a Pirate brig of their own. They dressed themselves in the Pirates' clothes, and Peter, of course, became captain. Strange to say, he tried to imitate Hook, though he did not look a bit like him. He even smoked Hook's cigars; but not for long.

Wendy was kept very busy altering grown-up suits to fit the Boys, also making plans with John and Michael as to how they should rush home to No. 14 and be welcomed by Mr. and Mrs. Darling. But Peter kept very dark and silent about his plans, and he was so queer and Hookish that nobody liked to ask him questions.

Meanwhile, there has never been time to tell you what was going on at No. 14. Mrs. Darling was very unhappy without her children; but she was so sure they would come flying back to her that she stayed at home every day, with the nursery window open, and Nana beside her, waiting and watching.

KAPITEL 13

Wieder daheim

Es war natürlich ein Mordsspaß für Peter und die Buben, eine Piratenbrigg zu eigen zu haben. Sie kleideten sich mit den Hosen und Röcken der Piraten, und selbstverständlich wurde Peter Kapitän. Ja, er versuchte sogar, Kralle nachzuahmen, obwohl er ihm gar nicht glich. Er rauchte auch Kralle's Zigarren, aber nicht lange. Und Wendy war wieder sehr beschäftigt: Sie änderte die Piratenkleider für die Buben um. Auch beriet sie mit Hans und Michel, wie sie nach Nummer vierzehn zurückkehren sollten zu Vater und Mutter Liebling. Peter äußerte sich nur dunkel oder gar nicht über s e i n e Pläne. Er war so seltsam und krallig, daß niemand ihn gerne etwas fragte.

Doch nun sollt Ihr hören, was sich inzwischen in Nummer vierzehn zutrug. Frau Liebling war recht unglücklich ohne ihre Kinder, aber sie war felsenfest davon überzeugt, daß sie zu ihr zurückkehren würden. Tag für Tag blieb sie zuhause und saß am offenen Fenster des Kinderzimmers, Nana mit gespitzten Ohren neben sich.

Mr. Darling was unhappy too, of course; but he got more enjoyment out of it, because everybody was talking about him, and he liked that. He was living in Nana's kennel. He said, if he had not been cross with Nana and chained her in the yard, she would have been able to take care of the children. So Nana must be better than he was: and she could live all over the house, but he should stay in her kennel. He went to his office and back in the kennel every day; he was even asked to parties in it. This helped him to bear the loss of the children.

On a certain Thursday evening - about two days after Peter became captain of the brig - Mr. Darling was asleep in the kennel, and Mrs. Darling was playing the piano in the day nursery, when two figures darted in at the open window, and immediately shut and fastened it. These were Peter and Tink. Peter wanted Wendy to come home and find herself barred out, so that she would have to go back with him to the Never-Land. This was not nice of Peter; in fact, it was more like a bad imitation of Hook.

Herr Liebling war natürlich auch unglücklich, aber er erlebte doch mehr Freude dabei, weil alle Leute von ihm sprachen, was er sehr liebte. Er hauste jetzt in Nana's Stall. Er meinte, wenn er Nana nicht gezürnt und sie nicht im Hof an die Kette gelegt hätte, wäre es ihr möglich gewesen, auf die Kinder zu achten. Also war Nana besser als er. Sie konnte jetzt im ganzen Haus wohnen, während er sich mit ihrer Hundehütte begnügte. Jeden Tag ging er ins Büro und dann wieder zurück in seine Hundehütte. Dabei wurde er sogar in Gesellschaften eingeladen. Das half ihm schon, den Verlust der Kinder zu ertragen.

Das war an einem Donnerstag-Abend, etwa zwei Tage, nachdem Peter Kapitän der Brigg geworden war: Herr Liebling schlief in der Hundehütte, und Frau Liebling spielte im Tageszimmer der Kinder Klavier. Da stürzten zwei Gestalten zum offenen Fenster herein und schlossen es sofort fest zu. Es war Peter mit Bimmelchen. Peter wollte, daß Wendy heimkomme und sich ausgesperrt sehe, so daß sie wieder mit ihm ins Nirgendsland hätte zurückkehren müssen. Das war nicht sehr nett von ihm, das war eher eine schlechte Nachahmung Kralle's.

But Mrs. Darling soon began to cry softly, and Peter knew she wanted Wendy so very much - perhaps as much as he did. He thought, 'We can't both have her.' Then he found he was not so heartless as he had meant to be; and he opened the window again, cried, 'Come along, Tink,' and was gone.

Wendy, John, and Michael flew in, a minute later. They were puzzled to see Mr. Darling asleep in the kennel instead of Nana; and then they heard music in the next room. Mrs. Darling had gone on playing.

Wendy peeped in and said: 'It's Mother.'

John peeped in and said: 'So it is.'

Michael said: 'Then, Wendy, aren't you really our mother?'

Wendy did not want to startle Mrs. Darling too much, so they each slipped into bed (their beds were always kept ready aired); and when Mrs. Darling came in, she thought she was dreaming, until the three children jumped out and hugged her tight.

Then Mr. Darling and Nana had to be hugged too. And there was, Oh, such a kissing, and

Aber bald hörte er Frau Liebling leise weinen und erkannte daran, daß sie Wendy sehr lieb hatte, vielleicht ebenso lieb wie er. Er dachte: „Wir können sie nicht beide haben!"

Zu seiner eigenen Überraschung merkte er, daß er eigentlich gar nicht so herzlos war, wie er immer angenommen hatte. Er öffnete das Fenster wieder und rief: „Komm, Bimmelchen!" und weg war er.

Kaum eine Minute später flogen Wendy, Hans und Michel herein. Sie wunderten sich sehr, ihren Vater statt Nana in der Hundehütte anzutreffen. Da hörten sie Musik im Nebenzimmer. Mutter Liebling spielte wieder.

Wendy guckte hinein und flüsterte: „Es ist Mutter!"

Und Hans guckte hinein und sagte: „Ja, sie ist's!"

Und Michel fragte: „Dann bist Du gar nicht unsere richtige Mutter, Wendy?"

Wendy wollte Frau Liebling nicht zu sehr erschrecken, drum schlüpften alle ins Bett. Ihre Betten waren immer gerichtet und bereitgehalten worden. Als Mutter Liebling nun hereinkam, glaubte sie zu träumen, bis die Kinder heraushüpften und sich an sie schmiegten. Dann mußten sich auch der Papa und Nana umarmen lassen. War das ein Küssen und Lieb-

cuddling, and purring over each other! After all, the Never-Land was very jolly, but there's no place like home.

Peter saw it all, staring through the window. And he was not so sure as he had been that mothers were silly. This one seemed quite sensible, anyhow.

Mr. and Mrs. Darling decided to take the Lost Boys for their own, as Wendy had said they would. And they wanted to have Peter, too. But Peter said: 'No, Wendy's mother, no one is going to catch me and make me into a man.' He explained that he would live with Tink, in Wendy's Little House, which the fairies were going to fix up in the high tree-tops.

Then Wendy wanted so much to go back and see the Little House in its new place that Mrs. Darling had to promise she should go for a week, once a year, to the Never-Land, and spring-clean the Little House - if Peter would come and fetch her.

'You won't forget, will you, Peter?' said Wendy.

Peter said of course he wouldn't, and flew gaily away. But after the first two years (when they had the happiest of times together), Peter

kosen und Schwanzwedeln! Eigentlich war das Nirgendsland ganz lustig, aber nirgends ist es so wie daheim.

Peter sah alles durchs Fenster. Er war nicht mehr wie früher so felsenfest überzeugt, daß alle Mütter blöd seien. Diese Mutter schien immerhin ganz vernünftig.

Herr und Frau Liebling beschlossen, die Verlorenen Buben zu adoptieren, wie Wendy gesagt hatte. Sie wollten auch Peter haben, aber der sagte: „Nein, Wendy-Mutter, niemand wird mich fangen und zum Mann machen!" Er erklärte, er würde mit Bimmelchen zusammen in Wendy's Haus ziehen, das die Elfen in der Krone eines hohen Baumes befestigen sollten.

Da wünschte Wendy so dringend, zurückkehren zu dürfen, um das kleine Haus an seinem neuen Platz zu sehen, daß Mutter Liebling versprechen mußte, sie einmal im Jahr ins Nirgendsland zu lassen, damit sie in dem kleinen Haus Frühlings–Großreinemachen abhalte, wenn Peter kam und sie abholte.

„Du vergißt es aber auch nicht, gelt Peter!" sagte Wendy.

„Natürlich nicht", rief Peter und flog froh von dannen.

Doch nach den ersten zwei Jahren, in denen sie die glücklichsten Tage miteinander erlebt

did forget. And he came only once more, with one year missed out. He had forgotten Hook; he had forgotten Tink; and now he forgot Wendy. She minded very much, of course; but she knew he was a shocking bad hand at remembering.

Fifteen years passed. All the Boys were grown up, and could not fly in the least, and the Island had gone right out of their heads. Wendy was married; and had a little girl called Jane; and Jane loved to hear her mother's stories about Peter. She listened till she knew them pretty well by heart. But, one evening, when Wendy had put her child to bed, and was sitting sewing by the nursery fire (just as Mrs. Darling used to do), the window blew open, and there was Peter Pan. He had come to fetch Wendy for the spring-cleaning.

She had to tell him that she was a big woman now, and could not fly. At first Peter wouldn't believe this. He was very much distressed; and when he found Jane in the bed, he knew Wendy was not going to mother him any more. He sat crying on the floor. Wendy went out of the

hatten, vergaß Peter doch, wiederzukommen. Er kam nur noch einmal zwei Jahre später. Er hatte Kralle vergessen, er hatte Bimmelchen vergessen, nun vergaß er auch Wendy. Es betrübte sie natürlich sehr, aber sie wußte, daß er kein Gedächtnisheld war.

Fünfzehn Jahre verstrichen. Alle Buben waren groß geworden, sie konnten schon lange nicht mehr fliegen und die Insel war ihnen gänzlich aus dem Gedächtnis entschwunden. Wendy war verheiratet und hatte ein kleines Töchterchen mit Namen Hanna. Und Hanna liebte es ganz besonders, ihre Mutter Geschichten über Peter Pan erzählen zu hören. Sie lauschte begierig, bis sie alle auswendig wußte. Doch eines Abends, als Wendy ihr Kind zu Bett gebracht hatte und nähend am Kamin saß, wie einst Mutter Liebling es zu tun pflegte, flog das Fenster auf und da stand Peter Pan. Er war gekommen, um Wendy zur Frühjahrsputzerei zu holen.

Sie mußte ihm klar machen, daß sie jetzt eine erwachsene Frau sei und nicht mehr fliegen könne. Zuerst wollte es Peter gar nicht glauben. Er war sehr traurig, und als er Hanna im Bett liegen sah, wußte er, daß Wendy ihm nie mehr Mutter sein würde. Da setzte er sich auf den Boden und weinte bitterlich. Wendy

room, trying to think of something to comfort him.

Jane woke, saw Peter, and asked him why he cried. He bowed to her politely; and directly after, he and she were talking just as he and Wendy had done long ago. They got on so well, and so fast, that, when Wendy came back, what did she find? Why, Jane flying round the room, and Peter seated on the bed- post, crowing like anything! He said Jane was his mother, and she

ging aus dem Zimmer und überlegte, womit sie ihn trösten könnte.

Unterdessen wachte Hanna auf, sah Peter und fragte, warum er denn weine. Peter stand auf, verbeugte sich artig vor ihr und gleich danach sprach er mit ihr wie vor Zeiten mit Wendy. Im Handkehrum verstanden sie sich aufs beste. Und was fand Wendy, als sie zurückkam? - - Hanna flog im Zimmer umher und Peter saß auf einem Bettpfosten und jauchzte laut. Er erklärte, Hanna wäre jetzt seine Mutter

was coming back with him now to the Never-Land. Jane said Peter's spring-cleaning must be done; and Wendy had to let her go, though only for a week. Wendy was dreadfully anxious about it, because goodness knows what may be happening in the Never-Land. But Jane would not be stopped.

As time went by, however, when Wendy was quite old, Jane became a grown-up herself, and had a little girl called Margaret. Jane found she couldn't fly any more; so now she says nothing except 'Take care of her,' when Peter comes to fetch Margaret to the Little House in spring. Margaret makes a very sweet mother for Peter. I suppose it will go on like that for ever. The queer thing is, that while none of the Boys remember even the name of the Never-Land, Wendy and her daughter and her grand-daughter are still such loving friends with Peter Pan.

und würde mit ihm ins Nirgendsland kommen. Hanna aber versicherte ganz ernsthaft, Peters Frühjahrsputzerei sei unbedingt notwendig. Wendy mußte sie ziehen lassen, wenn auch nur für eine Woche. Sie hatte furchtbar Angst, denn sie wußte ja aus Erfahrung, was im Nirgendsland alles geschehen konnte. Aber Hanna war nicht zu halten.

Doch die Jahre verstrichen, Wendy wurde sehr alt, auch Hanna wurde erwachsen und bekam ein Töchterchen namens Gretel. Auch Hanna fand, daß sie nicht mehr fliegen könne. So sagt sie jetzt nichts als: „Paß auf sie auf!", wenn Peter im Frühjahr kommt, Gretel zum kleinen Haus zu holen, und Gretel ist für Peter ein ebenso nettes Mütterchen, wie einst Hanna und Wendy es waren.

Ich denke, das wird immer so weitergehen. Es ist nur komisch, daß keiner von den Buben sich auch nur an den Namen „Nirgendsland" erinnert, während Wendy, ihre Tochter und Enkeltochter noch immer so gute Freunde von Peter Pan sind.

INHALT

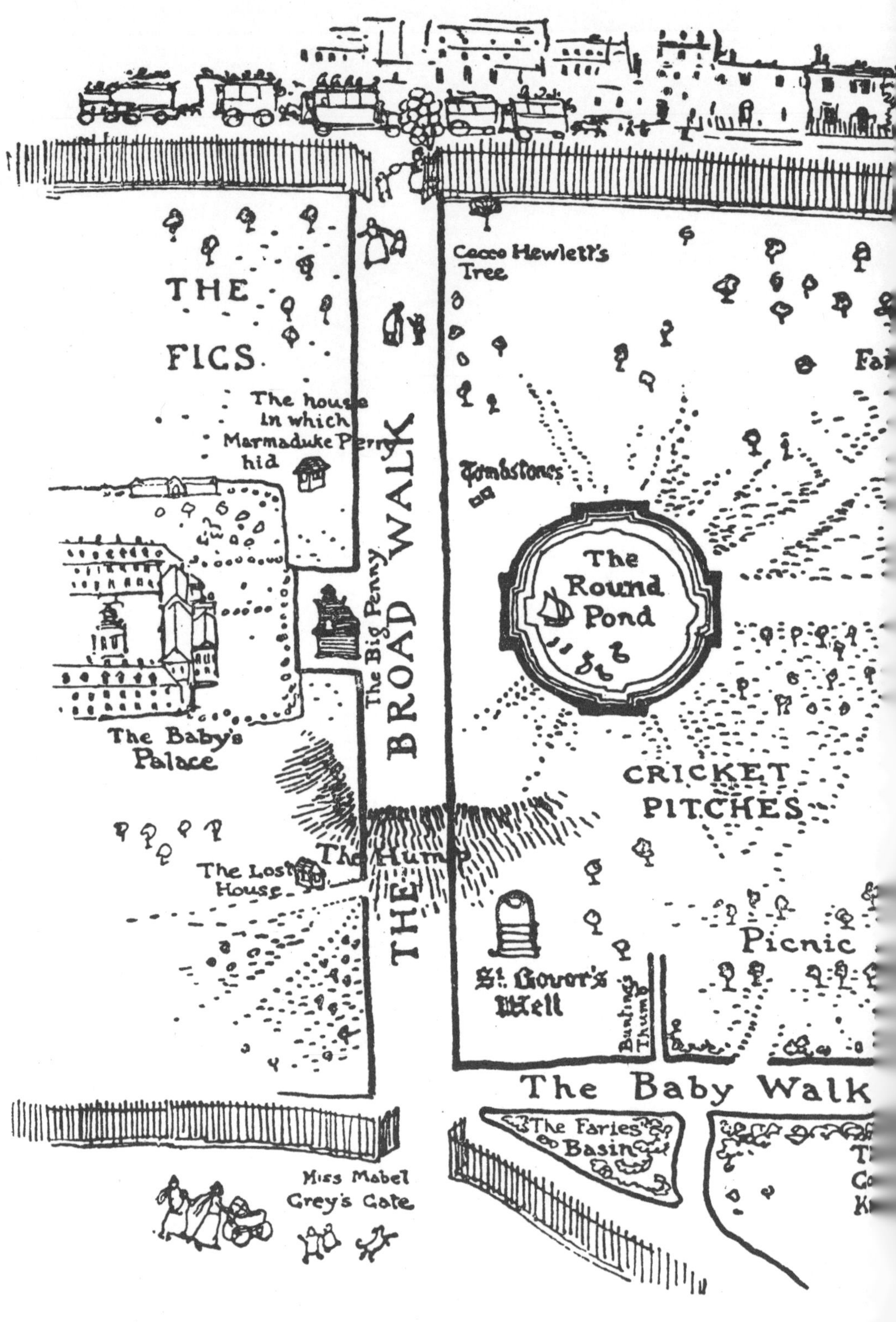
THE FIGS
Cecco Hewlett's Tree
The house in which Marmaduke Perry hid
Tombstones
The Round Pond
The Big Penny
THE BROAD WALK
The Baby's Palace
CRICKET PITCHES
The Hump
The Lost House
St. Govor's Well
Picnic
Bunting's Thumb
The Baby Walk
The Faries' Basin
Miss Mabel Grey's Gate